舵手汇

www.duoshou108.com

聪明投资者沟通的桥梁

金融怪杰：华尔街投资导师的交易哲学

【美】华丁·格列佛 著

段呈伟 译

山西出版传媒集团
山西人民出版社

图书在版编目(CIP)数据

金融怪杰:华尔街投资导师的交易哲学/(美)华丁·格列佛著;段呈伟译.—太原:山西人民出版社,2018.12
ISBN 978-7-203-10481-0

Ⅰ.①金… Ⅱ.①华… ②段… Ⅲ.①股票交易-研究-美国 Ⅳ.①F837.125

中国版本图书馆 CIP 数据核字(2018)第 184376 号
著作权合同登记号　图字:04-2018-031

金融怪杰:华尔街投资导师的交易哲学

著　　者:(美)华丁·格列佛
译　　者:段呈伟
责任编辑:郭向楠
复　　审:武　静
终　　审:秦继华
出 版 者:山西出版传媒集团·山西人民出版社
地　　址:太原市建设南路 21 号
邮　　编:030012
发行营销:0351-4922220　4955996　4956039　4922127(传真)
天猫官网:http://sxrmcbs.tmall.com　电话:0351-4922159
E-mail:sxskcb@163.com　发行部
　　　　sxskcb@126.com　总编室
网　　址:www.sxskcb.com
经 销 者:山西出版传媒集团·山西人民出版社
承 印 者:三河市京兰印务有限公司
开　　本:710mm×1000mm　1/16
印　　张:19.5
字　　数:228 千字
印　　数:1-5100 册
版　　次:2018 年 12 月　第 1 版
印　　次:2018 年 12 月　第 1 次印刷
书　　号:978-7-203-10481-0
定　　价:78.00 元

如有印装质量问题请与本社联系调换

"舵手证券图书"开篇序

20世纪末，随着中国证券投资市场的兴起，我们怀揣梦想与激情，开创了"舵手证券图书"品牌，为中国投资者分享最有价值的投资思想与技术。

世界经济风云变幻，资本市场牛熊交替，我们始终秉承"一流作者创一流作品"的方针，与约翰威立、培生教育、麦格劳-希尔、哈里曼、哈珀·柯林斯等世界著名出版机构合作，引进了一批畅销全球的金融投资著作，涵盖了股票、期货、外汇、基金等主要投资领域。

时光荏苒，初心不改，我们将一如既往地与您分享专业而丰富的投资类作品。我们以书会友，与天南海北的读者成为朋友，收获了信任、支持。许许多多投资者成为我们的老师、知己，给予我们真诚的赞许、批评、建议。更有一些资深人士由此成为我们的编辑、翻译、评审，这一切我们感念于心。

我们希望与每位投资者走得更近，希望在"知识领航财富人生"理念指引下，打造综合型投资交易学习社交平台——"舵手汇"（www.duoshou108.com），通过即时动态、视频直播、有声读书、电子图书、在线聊天、知识问答、活动报名、读书会、打赏提现等多项功能，服务会员的读书分享、实战交流以及知识变现。"舵

手汇"不定期邀请作者、嘉宾与会员对话,为读者答疑解惑,分享最新交易技术与理念。在这里,您可以与华尔街投资大师亲密接触;在这里,您可以与全国最聪明的投资者交流切磋;在这里,您可以体验全球最新最全的投资技术课程。这里,必将因为有您而精彩!

金融怪杰:华尔街投资导师的交易哲学

译者序

《老子》一书在中国两千多年来一直享有盛名，在西方同样流传甚广。这本哲学著作不但饱含着形而上的玄思，还具有很强的实用价值，乃至于我们已经习惯了将任何行业或技艺的秘诀称为"某某之道"，比如"企业经营之道"或者"绘画之道"。这个"道"不单单是一种技巧、窍门，还是一种哲学观，并带着某种神秘主义的味道。本书就是将老子哲学与市场交易结合的一次尝试。在我看来，这是一次成功的尝试，对于交易者形成正确的交易哲学，尤其是让"顺势"理念深入骨髓，是大有裨益的。如何将老子"上善若水""无为而无不为""反者道之动"等哲学观念运用到对市场的解读和交易当中，读者可以从本书中找到令人满意的答案。

不过这本书也并不是完美的，甚至不可能是完美的。可以说，凡是跟《老子》相关的著作都不可能是完美的。这其中有几个原因，一是《老子》一书文本的不确定性，虽然我们现在所用的一般是王弼版通行本，但由于马王堆帛书版《老子》甚至郭店竹简版《老子》的出土，通行本的很多文字被认为是存在问题的。比如陈鼓应的《老子今注今译》就根据出土文献对通行本文字做了大量的修订。二是《老子》一书语义的不确定性，其中包括由断句造成

的不同理解，而这一点在先秦著作中是屡见不鲜的，包括《论语》。比如《老子》中"故常无欲以观其妙，常有欲以观其徼"这两句话各有一个断句处，有两种断句方法，意思也大不相同。三是《老子》一书的玄学性质。我们今天依然常说的这个"玄"字大概就是出自老子之口。老子说："玄之又玄，众妙之门。"这就意味着，《老子》一书语义的不确定性不单单是文字造成的，而是老子的哲学本身就需要玄妙模糊的表达，有故意为之的成分。

此外，本书并不是基于对《老子》中文文本的直接解读，这一点也给翻译带来了一个棘手的问题，那就是本书作者的理解在某些地方可能并不符合老子原意（虽然没有人确切知道老子的原意到底是什么）。本书作者对《老子》的理解来自俄裔美国道教大师亚历克斯·阿纳托尔（Alex Anatole）的著作，而阿纳托尔的解读又基于林语堂的《老子》英译本。林语堂的英译是根据王弼版通行本而来的。这就可能造成几个问题，一是王弼本文字可能存在问题（根据陈鼓应的考证，至少个别地方明显存在错误），二是林语堂的英译可能存在问题（结合陈鼓应的著作和译者本人的理解，误译之处是存在的），三是阿纳托尔的解读存在问题（他的解读不可避免地会受到西方思维方式和哲学的影响，与老子原意不符、牵强附会的地方也是有的）。但我们不可能同时解决上述问题。

作为译者，我首先确定的一点是，这是一本关于交易理念的书，而不是一本关于《老子》的学术著作。所以，本书作者关于老子哲学的交易应用的内容才是最重要的部分。根据这一原则，《老子》中文原文我选择了王弼版通行本，因为这是林语堂英译所依据的版本，也是阿纳托尔解读和本书作者讲解交易应用的基础。同时，对于读者来讲，通行本也是大部分读者所熟悉的。反之，

如果我们对《老子》中文原文进行调整（比如陈鼓应的著作就根据出土文献和前人研究对一些字词甚至语句位置进行了调整），本书将变得难以阅读，失去连贯性和一致性。

此外，我还对《老子》的中文原文进行了白话翻译，主要参考了陈鼓应的《老子今注今译》，但也一些不同之处。对于本书的英文原文（包括阿纳托尔的解读和本书作者的讲解）则一律忠实于原文进行翻译，而对于林语堂英译或阿纳托尔解读的明显不当之处，我选择用"译者注"的形式标注出来，供读者参考。

不过有一点读者应该明白，虽然在某些地方本书作者对于老子思想或文字有一些牵强附会的理解（这些不当理解的源头也可能来自林语堂或者阿纳托尔），但单纯从市场理解和交易应用来讲，作者的说法也可以是自成体系、自圆其说的。也就是说，即便作者对《老子》文字理解存在偏差，却并不妨碍他依然能够得出有价值的结论。这是因为，本书作者的文字并不完全是由《老子》一书衍生出来的，而是融入了作者自己市场分析和交易的经验。因此，我建议读者在阅读本书时要"得意忘言"，把重点放在理念和交易应用上面，去体会作者真正想要传达的意思，而不是纠结于文字的出入。如此，或许才能算是善读此书。毕竟，老子自己都说："道可道，非常道！"

是为序。

段呈伟
北京 2018 年孟夏

关于本书

我们首先从几个问题开始。

假如你立志成为一名工程师，去设计桥梁，你提出的第一个问题应该是什么呢？能不能是"我们应该在河床什么位置打桩"？

假如你立志成为一名外科医生，去做心脏手术，你提出的第一个问题应该是什么呢？能不能是"我的第一刀应该从哪里下手"？

假如你立志成为一名飞行员，去驾驶波音747，你提出的第一个问题应该是什么呢？能不能是"我应该先按哪一个键"？

当然不能这么想。要设计桥梁，你应该先学习设计原理；要做心脏手术，你先要搞清楚人体的运行机制；要驾驶波音747，你先要搞清楚飞机的飞行原理。除此之外，你还要了解你所从事的工作与环境的相互作用——桥梁与其承重和材料的关系、人体与日常生活各项任务的关系、飞机与大气条件的关系。

这好像是显而易见的事情，然而在交易这个行业中却并非如此。很多交易新手一上来就问："我应该在哪里入场？应该在哪里离场？"至于市场到底是个什么东西、它是如何运行的、行情背后的动力有哪些、如何解读市场走势、如何才能获得交易成功等等问题，交易新手通常觉得似乎没有研究的必要，好像这些问题是不言自明的。这可真是有点莫名其妙。

我们可以通过一个交易者的言谈判断他到底是新手还是老手。去听听两个新手的谈话，你会发现他们聊的内容主要是具体的个股或板块以及入场点、出场点之类。相比之下，如果是两个在市场中经受了3年到5年考验的交易者，你会听到他们讨论的话题大不一样——他们会谈论市场哲学和交易心理。如果是两个有15年以上交易经验的交易老手呢？这么说吧，你很可能会听到他们谈论晚餐吃什么。当然，他们也可能交流对当前市场内在运行机制的看法以及诸如此类的问题，而且纯粹是从务实的角度去交流。

到目前为止我已经写了几本关于市场和交易的书，一向都非常强调交易哲学和交易心理的重要性。《**盘口解读技术**》（*Techniques of Tape Reading*）这本书第一部分就是在谈这个话题。《**交易大师的盈利计划**》（*The Master Profit Plan*）这本书第一章就是讲"交易心理"的。很长一段时间，我一直在寻找最恰当、最实用的方式来描述市场内在运行机制和交易者行为模式。有一次跟一位做交易的好朋友聊天，让我找到了答案。他名叫马克，精通艺术和一种古老的哲学。他看到我的著作中有类似的思想，于是向我介绍了这种哲学。我非常感谢他给我制造了这个机缘。

老子之道

根据这种哲学，道是万物的终极源头，无论有形还是无形的东西。天下万物都按照某些原则运行着，而这些原则能够为我们所认识。"道"可以说是万物生成的法则。你称呼它为自然法则也好、规则体系也好、自然模式也好、引领之神也好，随便怎么称呼它都无关紧要。我们所观察到的一切现象都是"道"的显现，都在按照它的规则运行着。当然，这也包括你在内，包括市场在内。

这种哲学的经典著作就是2500年前中国哲学家老子所著的《道德经》。如今这本书的译本数量在全世界排在第二。《道德经》共有81章，每章都很短，而且其含义并不十分确定。这是完全可以理解的，因为这些章节就像诗句一样，并没有清晰的逻辑概念可以让我们做出明确的解读。显然，老子并不希望人们轻易地了解这本书的内涵。此外，对于母语为英文的读者来讲，将《道德经》翻译成英语本身又是一次解读，如果译者缺乏专业指导（这里也就是道家或道教大师的指点），那么出错是难免的。出于这个考虑，本书在文字上采用了林语堂的《道德经》译本。最重要的是，在经文解读方面，我们采用了亚历克斯·阿纳托尔（Alex Anatole）大师的两本上乘之作：《道之真义》（*The Truth of Tao*）和《道之精义》（*The Essence of Tao*）。

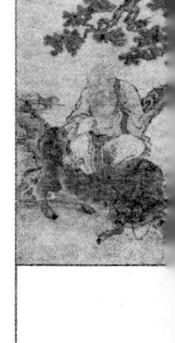

毫无疑问，本书并不是要向大家讲授道家哲学。本书旨在将道家哲学运用到交易中去。如果母语为英文的读者想对道家哲学有更深入和全面的了解，我建议大家去读上面提到的那两本书或者浏览亚历克斯的网站 http://www.tao.org。这两本书对道家这种实用性极强的哲学做出了富有逻辑且言简意赅的解读。我相信只要你去读亚历克斯的书，就一定会为道家思维方式在实践中的直接应用以及这种思维方式的明确性和有趣的悖论所吸引。

本书每一章都由三部分构成。

第一部分是《道德经》的原文。本书一共选取了《道德经》原文44章，其中27章描述了一些关键性的原则，另外17章属于补充内容，旨在给读者提供一种略微不同的视角或者更多细节。

第二部分是对《道德经》原文大意的解读，取自阿纳托尔大师的著作。老子原文经过重新解读之后含义将变得更为清晰。我

希望读者在阅读的时候能够保持精力集中。道家思想并不是那么显而易见、一看就能懂的，它包含各种悖论，往往需要我们转变思维方式才能领略它的精义。当你开始像一个道家之人一样思考，你就会发现那些表面上模糊不清的词句逐渐变得异常清晰起来，简直不可思议。

第三部分是交易中的应用。在这一部分，我们将老子的哲学思想运用到实际交易中，包括市场是什么、你在市场中处于什么位置、行情背后的主要力量是什么、价格如何对这些力量做出反应、大资金的动机是什么、如何解读他们的意图、如何才能在市场波动中降低风险以及从中获利、如何调整我们的思维方式以做到近乎冷血的高度自律等等。借助道家哲学的原则，我们得以将与上述问题相关的概念和理念组合成一种清晰而严谨的交易哲学，为我们的交易行为提供指导，同时赋予我们足够的动力去沿着正确的轨道前行。

有一些理念我们会在不同的章节反复遇到，其中一些在前面的章节只是简单涉及，然后在后面的章节中详细展开。我们对一些理念会结合起来讲，以表明它们之间的关联。还有一些理念我们会从不同角度来解读，以展现它们是如何影响市场走势。因此在阅读的时候不要快速地跳到下一章，要浸润于其中，让它们慢慢融为一个整体。渐渐地，你会感觉到一种全新的市场理念开始成形。市场有很多方面，我们不能孤立地去看待任何一方面，相反，各个方面会以惊人的明晰线索汇集成一个整体。如果你能够静下心来阅读本书并循序渐进地付诸实践，那么市场走势中许多令人困惑的部分将会变得清晰起来。你将会发现你拥有了一套清晰完整的交易行为指南，并获得很强的执行力和纪律性去遵循它。

本书旨在解读交易中的三个主要因素：
- 市场的内在运行机制；
- 其他交易者的思维过程和情绪变化；
- 交易者自己的思维模式和行为方式并且掌控它们。

在进入正文之前再给大家一个忠告：不要将本书当成僵化的教条。对于老子哲学中的一些原则，你或许发现可以做出不同的类比和应用，或者找出更适合你自身实际情况的解读。道家哲学是变动周流的，一僵化就走向了它的反面。"道"比我们任何人都更加广大无边。只要你能够遵守老子提出的自然法则，那么根据你自身情况做出灵活的调整就不但没有问题反而是可取的。

序 言

下面是《道德经》的最后一章，请大家细细品读，并尝试领悟老子所说的真谛。

《道德经》第八十一章：天之道

【《道德经》原文】

　　信言不美，美言不信。善者不辩，辩者不善。知者不博，博者不知。圣人不积，既以为人己愈有，既以与人己愈多。天之道，利而不害。人之道，为而不争。

【白话文今译】

　　真实的言辞不华美，华美的言辞不真实。善良的人不巧辩，巧辩的人不善良。有真知的人不广博，广博的人没有真知。圣人不藏私，越帮助别人他越富有，越给予别人他越丰足。天的法则是利物而不害，圣人的法则是作为而不争夺。①

---

① 译者注：《道德经》原文主要参考陈鼓应《老子注译及评价》一书，白话文今译也主要参考陈鼓应所著《老子注译及评介》。至于陈书根据帛书等对通行本文字做了一些修改以及个别地方解读上的发挥之处，我们都不取。

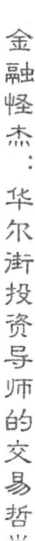

读了上面的经文，我相信你一定能够感受到老子文字的力量和优美，不过其中的逻辑以及如何付诸实践想必依然未能把握。

当你读完本书之后，记得再回过头来重温这一章。到那时候，每个字每句话的含义都将变得无比清晰。为什么会这样呢？经文的模糊性到哪里去了呢？因为到时候你将能够感知到老子言语中的原始力量以及暗含的不可思议的明晰性，其中一些词句的内涵将会与你阅读本书之前所理解的完全相反。实际上，在阅读完本书后你又回到第一页，这恰恰构成了一个完美的圆，也就是老子所说的"复"，这一法则也是你逃避不了的。

能否回过头来温习，正好可以作为一个小小的衡量标准，看看你到底从本书中学到了多少东西。另一个衡量标准就是你的交易成绩。此外，你能否学会以平和的、无压力的心态去交易，让交易构成你生活的有机组成部分，也是衡量标准之一。

下面我们就进入正文部分。

CONTENTS 目录

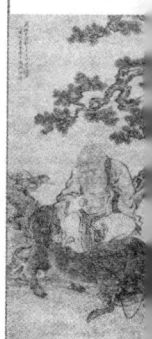

01 常道：交易者的思维方式 / 001
02 相反相成：获利与亏损 / 011
03 无为：严守交易纪律 / 019
04 天地不仁：直面冷酷的市场 / 027
05 无私：以谦卑对待市场 / 035
06 上善若水：最佳风险管理 / 041
07 功成身退：判断趋势反转 / 049
08 载营魄抱一：对市场了然于胸 / 055
09 无之以为用：做多与做空 / 065
10 感官：安全获利 / 073
11 毁誉：内心的交易者 / 079
12 道纪：专注于法则 / 089
13 善道：高明交易者的特征 / 101
14 知常：把握市场周期 / 113
15 大道废：走向内心的澄明 / 123
16 独异：理解大众并保持超然 / 133
17 不争：高明交易者的榜样 / 145

18 余食赘形：程序化交易排除情绪影响 / 155

19 为者败之：交易系统的核心 / 165

20 天下自定：解读干预者的足迹 / 179

21 反者道之动：交易者最重要品质 / 187

22 知足：高明者享受交易 / 193

23 身与天下：以实践检验一切系统 / 199

24 图难于其易：顶尖交易者的境界 / 207

25 我有三宝：三条简明的交易建议 / 215

26 兵不厌诈：交易中的伪装原则 / 227

27 病：接受自身的内在局限 / 235

28 见素抱朴：交易方法简单有效 / 241

29 道之为物：市场的主导性原则 / 243

30 同于道：市场回报取决于自己 / 245

31 域中有四大：道法自然 / 247

32 重为轻根：做自己能看懂的交易 / 249

33 袭明：洞察亏损交易 / 251

34 守其雌：交易中的阴阳和谐 / 253

35 道犹江海：分析市场法则的工具 / 257

36 大道泛兮：交易法则无处不在 / 259

37 自知者明：交易成功的关键 / 261

38 柔弱胜刚强：交易哲学的核心 / 263

39 柔弱处上：灵活性胜于逞强 / 265

40 闻道：交易者成长的三个阶段 / 267

41 至柔：知识、理解与谦卑 / 269

42 天下莫柔弱于水：知行合一 / 271
43 清静：最纯粹的市场力量 / 273
44 知天下：永恒的市场法则 / 275
45 无为而无不为：交易的指引 / 277

附录一　交易者常规程序 / 279
附录二　冥想技巧 / 289

Chapter 01

常道：交易者的思维方式

【《道德经》原文】

　　道可道，非常道；名可名，非常名。无，名天地之始；有，名万物之母。故常无，欲以观其妙；常有，欲以观其徼。此两者，同出而异名，同谓之玄。玄之又玄，众妙之门。

【白话文今译】

　　可以用语言表达的道，就不是恒常的"道"；可以说出来的名，就不是恒常的"名"。"无"是天地的本始，"有"是万物的来源。所以我们常从"无"中去观照"道"的奥妙，常从"有"中去观照"道"的端倪。"无"和"有"二者名称不同而来源相同，都可以说是幽深不可测的。幽深又幽深，乃是一切变化的总门。

【大师解读】

　　本章是老子哲学的一个立论基石，告诉我们所有现象都有一个共同的来源，而人类不可能完全理解它，我们只能够观察这一万物根源和法则的外在表现。我们必须明白和接受如下事实：我们的理解能力是存在局限性的。我们知道什么，与我们认为自

已知道什么，二者是有区别的，明白二者的分际在哪里至关重要。这一分际代表了事实和幻想的边界——我们经常越过这一边界而不自知。

道可道，非常道；名可名，非常名。无，名天地之始；有，名万物之母。

我们自身也是"道"的外在表现，因此我们必须接受自己没有能力理解万化之源这一事实。我们也不可能用语言来定义"道"，因为对A做出定义就是将其与B区分开来，如此一来"道"就被降格为A或者B，然而真正的"道"必然同时是A和B的来源，同时高于A和B。如此一来，我们作为人，仅仅能观察"道"的外在表现。

不过我们也不必为此感到遗憾。我们只需要去分析那些可以通过实践去检验的法则，而对于超出我们理解能力的东西则可以存而不议。

故常无，欲以观其妙；常有，欲以观其徼。①

在一生当中，从出生到死亡，社会都会向我们灌输某些价值观和信念。这些被灌输的信念或观念甚至很可能没有反映事物的真实本性，同时它们也不必然带来最符合我们利益的行为。

为了看清楚世界未被扭曲的真相，我们必须将这些相信了一辈子的东西悬置起来。一旦我们"清除掉激情"（将那些根深蒂

---

① 译者注：本书所采用的英译本断句为"故常无欲，以观其妙；常有欲，以观其徼"，与中文学界公认的断句不符。王樵说："老子言'无欲'，'有欲'则所未闻。"严灵峰说："《老子》书中'欲'字连下文作助动词之例甚夥。如'保此道者不欲盈'篇，'将欲取天下而为之'篇。"下面两段话的解读均依据我们上面说的英译本的不恰当断句，这里照实译出，但读者应了解这一解读与老子原意可能存在偏差。

固的情感附着物彻底清除）去冷静地分析事物，我们就能够研究"道"的外在表现。理解了这些表现之后，我们再将激情注入行动当中，并以更能准确反映现实的信念作为行动的指引。

此两者，同出而异名，同谓之玄。玄之又玄，众妙之门。

道作为不可见的万物之源，会将自己表现为可见的、物质的形象。要想理解道的运行法则，我们就必须研究这些表象。

道家哲学追求的是化繁为简，如此才能接近那个"玄"。由于我们一般人都抱有各种先入为主的见解，同时理解能力有着天然的局限，所以道家哲学乍一看似乎有点违背常识。然而当我们不断地将道家的观念运用到实践当中，我们就会越来越发现这种哲学既自然而然又相当深奥。简单而深奥的知识体系在实践当中可以得到很好的运用。简单而深奥意味着活力，充满活力的信念体系将带来明晰和确定，对现实明确的理解将指导我们做出正确的行为，而正确的行为又会带来内心的自得自在，后者正是道家哲学所定义的成功。

道可道，非常道；名可名，非常名。

在交易当中，有一点可以说至关重要，我们必须理解并且接受下面这一观念——我们不可能知道与市场走势相关的所有信息。这一点是理解市场和交易本质的基石。如果你认为有可能而且有必要了解关于所有市场参与者持续变化的交易意图的所有信息，那么你必将陷入无止境的挫败感之中。那种认为我们必须掌握所有信息的观念是错误的，它必然导致我们得出错误的结论、采取错误的行动。

下面我们来剖析一下这种错误观念。首先我们要问两个问题：

〇一 常道：交易者的思维方式

我们是否真的有可能知道所有市场参与者的全部意图和打算？进一步来说，这些市场参与者自己难道就真的从来都对接下来要做什么一清二楚？事实并非如此。所有的交易计划或意图都不是绝对的，大家其实不过是对各种事件和发展做出各种各样的应对而已。的确，每个市场参与者都会或至少应该，对自己的交易做出计划，但同时他们也有或应该有备选计划。没有人知道未来会怎么样，一个出色的交易者会随时准备应对各种不同的情况。因此，他并非只有一个固定的计划，而是针对各种可能的情况制定一系列应对措施。由此我们可以得出一个重要结论：既然每个参与者都没有固定的行动计划，那么我们就不可能知道或确定地推算出接下来将要发生什么。

因此，无论基本面分析，还是技术分析，甚至二者的结合，都不可能准确地预测市场走势。如果你相信市场是可以精确预测的，那就大错特错了。下面我们来做一个思维实验，看看如果相信市场是可以预测的，到底会发生什么。

我们假定你对一家公司做出了相当全面的分析，并对该公司股票的走向得出了结论。你研究的结果是，这家公司前景非常好，确定其股价未来会上涨。接下来，我们假设一家大基金的基金经理决定调整投资组合，将资金投入其他回报较高的机会，因此卖出了你所关注的这只股票。很显然，他的抛盘将会给这只股票造成下跌压力，而且下跌的原因与股票本身的基本面完全不相关，更重要的是，它是不可能预知的。如果这还不够，你还可以想象这只股票的一名大股东由于突然离婚而陷入法律和情绪上的麻烦，于是将股票全部套现了。很显然，这些事件与公司基本面、行业基本面或任何图形指标都毫无关联，没有人可以预测这些事件的发生。好吧，我们可以做一个极端的假

设，假设你获取信息的能力非常强，以至于你能够知道现在有3名大股东在卖出股票，其他7名大股东持股不动，甚至你还知道他们各自的持股数量是多少。在现实中这些信息几乎是不可能获得的，然而即便如此，也不足以给你带来绝对的确定性。比如，如果明天价格翻倍，你能确保那7名大股东继续持股不卖吗？又或者下跌50%之后会发生什么呢？到这里我们应该明白了，金融市场是高度流动的，市场参与者的意图不但无法识别，而且它们还会受各种不可预测的或意料之外的事件影响而持续不断地变化。

对于一个坚持要在做交易决定之前"对一切了如指掌"的交易者而言，这意味着什么呢？这样的交易者大概是受过去专业训练的影响太深，以至于他在确信自己"知道"之前没有勇气采取任何行动。于是他只能没完没了地进行研究，源源不断地获取新的信息，而每一条新的信息都很可能与他之前获得的信息相冲突，于是他的研究任务事实上永远无法完成。再说，他获取信息的手段总有用尽的时候。此时他将面临两个选择，要么彻底放弃，因为缺乏"必要的"信息使得他无法采取行动；要么继续通过一些非常规手段获取信息，并最终不可避免地获得了一些虚假信息。这是有可能发生的，因为：

- 当所有合理的信息来源都用尽之后，隐藏着的铺天盖地的假消息、奇谈怪论就会冒出来；
- 由于迫切地想要获得新的信息，他的警惕性将会下降，变得很容易受骗。

最后我们这位交易者将变得非常困惑，分不清真假对错，而他基于错误信息的交易行为很可能也是错误的，并带来交易亏损。

通过上面的分析我们就得出一个极端重要的、将对我们整个交易方法产生深刻影响的结论：

市场永远是不确定的，而是以概率方式运行的。

当然，如果你能够把市场当成生活的一部分，那么上述结论并不会让你感到惊讶。毕竟，在日常生活中，我们一直都在跟不确定性打交道，我们无法确切地知道接下来将发生什么。我们的计划总是在变，即所谓"计划赶不上变化"，因为，周围的人也好，大自然也好，总是不断地给我们带来意外。

然而大部分人并没有将交易当成生活的一部分，而是将其看成一项专业活动。专业训练的设计方式总是让我们以确定性来思考，而不是以概率的思维方式来思考。我们可以想想自己在其他专业领域接受的训练，它们总是"确定性导向"的。老师会告诉我们要搜集所有的信息，然后计算出我们的决策所产生的明确结果。然而市场并不是钢筋水泥结构的，相反，它是大规模人群和机构的集合，所有人都在做出其决定，因此市场的行为模式其实就是人类行为模式的集合。由于这个缘故，市场远非确定的或完全理性的，而是像我们的生活一样，充满不确定性。如果不能搞清楚这其中的差异，我们就会陷入矛盾和冲突。不解决这一思维上的矛盾，交易者就不可能在市场中持续地获得成功。

要想为正确的交易行为奠定坚实有力的基础，唯一的办法就是承认和接受市场的不确定性。只有在接受这一点之后，我们才能在此基础上去学习如何在一个不确定的环境中采取果断的行动。同样，我们对于这一技能并不是完全陌生的，在日常生活中，无论身处哪一行，我们都要与一定程度的不确定性打交道。不过，为了将我们这种自然禀赋运用到交易当中，我们需要先抛弃以往在接受专业训练过程中被灌输的一些观念，同时还需要培养一种特定的思维方式，让我们能够彻底适应不确定的环境。只有到那时，我们才真正具备了通过市场走势（包括价格和成交量）来准确地观察市场的能力。这一对市场信息外在表象的分析可以作为我们对个股或板块研究的补充，从而帮助我们验证此前做出的一些判断，并最终制定出正确的行动计划。

这种方法可以帮助我们简化决策过程，让它变得务实而且合情合理。这个过程的第一步就是搜集信息，第二步是通过观察来进行验证——简单来说，就是观察市场走势，然后看它能否确认我们之前获得的信息。此时将会出现两种结果：

- 如果市场走势确认了我们之前的判断，则我们的交易想法得到验证，可以付诸实施。简单来说，如果我们对股票基本面的分析是看涨的，而图形走势分析也是看涨的，我们的分析就获得了确认。

- 相反，如果市场走势与我们所获得的信息相背离，这种背离本身就代表了极佳的交易机会。举例来说，如果我们看好一家公司，而且似乎大家普遍都是看涨的，但价格形态却是看跌的，这意味着很有可能存在信息不完整、信息错误、信息与价格走势不相关或信息已经完全反映到市场定价当中等几种情况。在这样的"利好"信息面前我们反其道而行之，恰恰是真正遵守了"不可能获得所有市场信息"这一原则。通过客观的市场走势来验证我们获得的信息并决定我们的行动计划，这是一个非常强大的武器，可以让我们以最大的概率做出正确的交易。

我们在搜集信息过程中得出的结论通常与我们的自我相关,因为人们倾向于将自己的结论获得确认视为对自我价值的证明。这就给我们的想法附加了情绪的成分,而把情绪带到投资中,其结果就是我们将失去客观性,急于证明自己的愿望扭曲了我们对现实的认知。此时老子的建议——"**清除激情**",就能给我们带来帮助①。

如果你真的能够明白我们不可能知道关于上市公司或其股票走势图的一切、不可能百分之百确定地去预测市场走势,那么你就不会再将预测的对错与自我价值相挂钩。事实上,你甚至不会再去预测,而只是做出应对,让市场来说话。在这个过程中,你会持续地关注市场走势,以确保那个外在表现(市场走势)与你的理解相符。当走势与你的理解相背离,你可以很轻易地调整应对方式,因为现在你明白,这与什么自我、尊严之类没有任何关系。

由于未能理解和接受这一原则,我们往往把自我和情绪带到交易中,并造成多方面的不良后果。其中交易者最容易犯的也是最致命的错误就是不愿意设置止损。对于一个真正明白市场以概率方式运行的"道论交易者"(Taoist Trader)②而言,只要市场走势否定了他的判断,而且止损又比较小,那么止损离场就没有什么可纠结的,而是如同家常便饭一般。相反,如果交易者没有将这一观念深深植入其脑海中,就有可能不肯认错,徒劳地将自

---

① 译者注:正如前面所言,"清除激情"的解读是基于对老子原文"常无欲以观其妙"的不恰当断句。虽然有违老子原意,但作者这种说法单纯从交易角度去讲自然也可以自圆其说。

② 译者注:Taoist Trader 是指以老子的哲学体系作为指导思想的交易者,或者信奉"道"的交易者。出于简洁的考虑,我们译成"道论交易者"。Taoist 不可译成"道家",因为"道家"这个词主要指以老庄为代表的历史上的一个学派,也就是说主要指一类哲学家,而不适用于指普通人。

我凌驾于概率原则之上。

读到这里,读者朋友可以看到我们是如何从老子的哲学观推导出一个非常实用的结论并将其作为我们行动的指引的。我们以一个宽泛的哲学理念为起点,最终达到了每个交易者所梦寐以求的思维方式——成为一个超然的观察者,清晰地看待现实,能够避免行动受到情绪影响。

01 常道:交易者的思维方式

Chapter 02

相反相成：获利与亏损

【《道德经》原文】

　　天下皆知美之为美，斯恶已；皆知善之为善，斯不善已。有无相生，难易相成，长短相形，高下相盈，音声相和，前后相随，恒也。是以圣人处无为之事，行不言之教；万物作而弗始，生而弗有，为而弗恃，功成而弗居。夫唯弗居，是以不去。

【白话文今译】

　　天下人都知道美之为美的时候，丑的观念就产生了；都知道善之为善的时候，不善的观念就产生了。因此有和无相互生成，难和易相互完成，长和短相互形成，高和下相互倾斜，音和声相互唱和，前和后相互跟随，这是永恒的。因此圣人以"无为"的方法来处事，以"不言"的方法来教人，万物兴起而不加倡导，生养万物而不据为己有，化育万物而不自恃己能，功成而不居功。正因为不居其功，所以其功绩才能不被埋没。

　　天下皆知美之为美，斯恶已；皆知善之为善，斯不善已。有无相生，难易相成，长短相形，高下相盈，音声相和，前后相随，恒也。

【大师解读】

　　道家哲学的一个根本性原则就是"合一"。所有相互矛盾的现象融为一个不可分割的整体。道让光明与黑暗、白天与黑夜、生与死成对出现。在社会层面，美与丑、善与恶、公平与不公总是共存的。没有矛盾的对立面，一切都不可能存在，也无法被我们识别。如果没有丑作为对照标准，我们就看不到美、识别不出美。如果不知道冷是什么，我们怎么可能知道热呢？如果不知道黑暗是什么，我们怎么可能知道光明呢？相反的事物之间存在因果关系，而它们有着同一个根源。它们互相均衡、互相补充、互相充实、互相依存和互相完成。

　　是以圣人处无为之事，行不言之教。

　　一旦明白事物相反相成的道理，我们自然而然就会遵循"不干预"的原则、不掺杂个人情感。换句话说，我们不应该将我们的价值观和喜好强加于事物的自然秩序。人为的、主观的价值与自然的、客观的价值是相悖的。我们所谓的"正确方式"与无所偏倚的"道"相去千里。道家哲学建议我们抛弃这些观念，效法天地之自然，让我们的思想和行为与之相契。如何才能同于天地之自然呢？我们只需要静观和接纳，而不要将事物分成好的和坏的，不要将自己置于事物的某一边而反对另一边。

　　万物作而弗始，生而弗有。

　　矛盾的对立性和统一性意味着永无休止地流转和变化。一个

信奉道家哲学的人并不会去抗拒或排斥这些变化，而是去适应变化。遇到阻碍，他不会产生恨意，而是去化解冲击，尽可能地让结果自然而然发生，没有丝毫刻意的成分。

为而弗恃，功成而弗居。夫唯弗居，是以不去。

"为而弗恃"意味着在适应变化的过程中，一个信奉道家哲学的人不会以任何单一结果作为衡量其成功与失败的最终标准。他非常清楚，在一个永恒变动的环境中，他的一些努力不可避免地会以失败告终。由于对失败有心理准备，负面的结果并不会给他造成打击，因此他的心时时刻刻是自由的。

永恒的变化也意味着失败之后必然会有成功。一个信奉道家哲学的人淡泊名利、不傲不慢。无论好运还是坏运，他都能够安之若素。当坏运来临，他也早已准备好做出调整和改变。

中国2500年前的太极图①一目了然地展现了事物"相反相成"的原理。

———
① 译者注：阴阳鱼太极图虽然可能本于老子"万物负阴而抱阳"的思想，但其出现时间较晚。现存文献中最早一张阴阳鱼图出自南宋张行成的《翼玄》。一说阴阳鱼太极图是五代宋初陈抟所传下来的，还有其他一些说法。不过阴阳鱼太极图与道教的关联则是非常明确的。

阴阳互相影响并成为对方的限定者。这一图形代表了一切现象的二元性，对立双方被看成对同一个原则方向相反的呈现。图中阴鱼和阳鱼代表了两极，二者大小完全一样，代表了自然现象内在的和谐。黑白颜色的转换代表了对立面之间无休止地此消彼长。黑色中的白点和白色中的黑点代表任何现象中都包含对立面，黑夜中总会有一些光亮，白天总会有一些阴影，因此一切现象都不是绝对的。

天下皆知美之为美，斯恶已；皆知善之为善，斯不善已。有无相生，难易相成，长短相形，高下相盈，音声相和，前后相随，恒也。

对立面之间的统一和关联几乎在市场的方方面面都能够看到。市场根本的变化之一就是牛熊转换，即从牛市转变为熊市或从熊市转变为牛市。一个交易者一旦建立了多头头寸，他就立即变成一个潜在的卖家。因此，一轮牛市从一开始就播下了未来熊市的种子。每粒种子都有它自己的时间、位置和角色。牛市推升市场的估值，给投资者带来利润，让上市公司获得更多资本。在这个过程中，有两个变化正在悄悄地发生：人们的生活越来越好，行为也越来越倾向于冒进。上市公司开始大手大脚，不停地招兵买马，变得过于冒进；投资者把"谨慎"二字抛诸脑后，交易者倾向于低估市场风险。于是，越来越多买家涌入市场，潜在卖家的数量也不断增多，天平逐渐倾向了下跌的方向。

最终在某个时点，熊市来临。熊市的任务就是清理牛市阶段的冒进成分。随着市场下跌、利润缩水，投资者开始撤出资本。上市公司开始开源节流，而那些过度挥霍、窟窿太大的公司走向了破产。那些一直稳健经营的公司此时也更加如履薄冰、谨小慎微，因此度过这个艰难时期之后它们变得更加强大了。此时投资者变得更加"挑剔"，交易者更严格地控制风险，而那些未能做出调整的投资者和交易者亏得血本无归，从这个游戏中退出了。

接下来我们看看，随着熊市的展开会发生什么。所有卖出头寸的人现在都成了潜在的买家。那些做空市场的交易者也是未来的买家，因为将来平仓的时候他们需要买入回补。在市场下跌过程中，新的资金不愿意进入，都在场外静静地等待。与此同时，上一段里提到的自然选择过程也在发生着，有的公司成为赢家，有的公司成为输家。其中一些公司将成为未来场外资金争夺的对象。经过优胜劣汰之后，投资将获得更有效的利用。换句话说，就像牛市暗含未来的熊市一样，熊市同样播下了未来牛市的种子。这种对立面相互依存和持续消长的循环模式正是"一阴一阳之道"。

是以圣人处无为之事，行不言之教，万物作焉而弗始。

理解和接受对立事物的关联对于我们找出正确的方式以应对变化是必要的。不能理解对立物的相反相成，情绪波动就会蒙蔽我们的判断，我们就会给现象贴上好坏的标签，选边站队，从而做出不正确的、不符合自然的行为。比如政府往往会在自然选择的过程中居间调停，挽救那些濒临破产的公司，惩罚那些自然选择出来的赢家。这种人为干预会降低投资的效率，阻碍资本流向那些最有投资价值的领域、行业和公司。投资者如果将熊市看成不好的东西，那么在熊市彻底结束之前他就不会去寻找新的投资机会。交易者如果认定"市场应该上涨"，那么他就会觉得做空是很别扭的事情，从而放弃可能带来丰厚回报的做空机会。

聪明的交易者对即将到来的变化有着敏锐的嗅觉。他们明白

任何阶段都不会永远持续下去。他们会观察市场信号，看市场走势是否正在变得过度、风险是否正在超出可接受的水平。由于没有主观情绪的干扰，他们的思维和感觉都不受束缚，因此他们能够一直做一个冷静的观察者。他们对市场的上涨和下跌都一视同仁，无论做多还是做空都没有任何心理障碍。他们能够一直保持心态平衡，顺势而为。

生而不有，为而不恃。

避免情绪介入对于在投资或交易中保持客观也是同样重要的。如果你"爱上"了一家公司，那么在决策过程中你就会丧失客观性。当事实与主观判断相悖的时候，很多交易者不愿认错，其结果就是一直持有亏损的头寸，而不是在亏损很小的时候立即止损。类似地，如果某一笔交易掺入了情感成分，交易者就会对头寸恋恋不舍，哪怕市场走势告诉他是时候了结头寸了。

一个交易者如果能够深刻体会事物对立统一、相反相成、永恒变动的法则，那么他就能够理解和接受交易中最重要的观念：**亏损是不可避免的，而且事实上它是交易的必要构成部分。**历史上没有交易者能够避免亏损，以后也不可能有。市场永远是不确定的，是以概率方式运行的，无论交易者水平有多高、交易系统有多么完美，都必然有一些交易是要亏钱的。交易者必须理解和接受这一事实，然后才能从容地接受亏损和果断止损。如果拒绝接受这一点，那么他的亏损将会不断扩大，远远超出合理水平，最终亏损金额将会超过他那些成功交易所获得的利润。

就像本章《道德经》里提到的圣人一样，一位高明的交易者不会干预市场的自然流动。他只是尽力跟随市场的律动，让自己的行为与市场波动保持一致。他不会将自己的意见强加于市场，

而仅仅观察各种市场事件的展开过程并识别它们。当他意识到市场正在发生什么,他会确保自己的头寸与他所理解的市场走势相吻合。与此同时,他的观点也不会一成不变,而是持续地观察市场,一旦市场的进展没有确认他的观点,或者市场的运行轨迹发生了改变,他能够轻易地调整自己的头寸("生而不有")。由于他的观点里面并没有情绪或情感的成分,因此他对此类变化的敏感度是非常高的。

功成而弗居。夫唯弗居,是以不去。

一个"道论交易者"不会认为获利的交易归功于自己,也不会对亏损的交易耿耿于怀。既然他不把胜利归功于自己的才能,自然也就不会把失败归咎于自己的愚蠢。这种思维方式能够让他的情绪保持平衡和稳定,不会大起大落。明白交易的成败无关乎他自己的人格,这样他就在自己与交易之间构筑了一道情绪缓冲带。这一缓冲带能够提升他的客观性,让他保持持续的静观而不动摇。他身上不会出现因为自我受伤而造成情绪爆发的情况。相反,一个情绪化的交易者下单完全基于自己的个人需要、期望和恐惧,而不是以市场走势为依据。

与"道论交易者"相反,很多交易者把每一笔成功的交易都归功于自己,认为成功源于他出色的能力,而不是一种具有原则性的、严格执行的方法论。抱着这种将所有获利交易都视为个人成就的"**居功**"心态,他自然也就会将所有亏损视为个人失败。这种看问题的方式造成了自我的介入,把成功交易当成吹嘘的资本,而把亏损交易变成痛苦之源。他的自我命令他不要去认亏,从而徒劳地去避免那不可避免之事,其结果是,他可能会一直持有亏损头寸或者开始补仓以降低平均成本。他的心态已经失衡,

整个交易完全变成个人化的东西，他的行为完全陷入非理性。

明智的交易者不会过分关注单笔交易的结果，而是将他的交易看成一个持续不断的过程。按照这种思维方式，配合我们前面提到的观念，他就能够很轻松地接受任何一笔交易的亏损。这就确保了任何亏损都在他掌控之中。他的止损是很小的、可接受的，他绝不会允许出现亏损失控、威胁到整个交易账户的情况。

由于对对立统一、相反相成的道理有着很深的体悟，一个"道论交易者"明白，一个阶段的获利将会跟随一个阶段的亏损，上升趋势将会被回撤打断，下降趋势将会被反弹打断，牛市将会演变成熊市然后再进入新的牛市。他认为这些变化是自然而然的、不可避免的和值得欢迎的，所以他能够保持敏感，随时准备迎接变化的到来。

明白对立统一、相反相成的原则将帮助你分辨谁是真正的交易大师，谁是江湖骗子。如果你看到一个股评家只是吹嘘他自己对的判断而很少提及他的失误，基本上就可以知道他只是"王婆卖瓜，自卖自夸"，而不是陈述事实。

Chapter 03

无为：严守交易纪律

【《道德经》原文】

不尚贤，使民不争；不贵难得之货，使民不为盗；不见可欲，使民心不乱。是以圣人之治，虚其心，实其腹，弱其志，强其骨。常使民无知无欲。使夫智者不敢为也。为无为，则无不治。

【白话文今译】

不标榜贤才异能，使人民不争功名；不珍贵难得的货物，使人民不生盗心；隐藏刺激人欲求的事物，使民心不被惑乱。因此圣人治理天下，要断除人民的妄想、满足人民的温饱、减损人民的志气、增强人民的体魄。常使人民不生智巧之心、不生欲求之念。使那些智巧之人不敢妄为。以"无为"的态度去治理天下，则天下一定大治。

【大师解读】

本章对社会组织强加给个人的一些普世价值观做出了否定和

警告。要客观地理解现实和不受环境的影响，我们必须认清什么对我们的最高利益构成威胁。社会向我们宣扬的很多东西都是值得欲求的，然而当个人过分去追求这些东西时，事实上很容易落入陷阱，变得身不由己。比如以负债的方式过度追求物欲满足就是丧失自制能力、过分承担风险的典型例子。因此，一个信奉道家哲学的人会不断地问自己："我追求的东西是否真的能够满足我的实际需要或精神需求？"他会一直保持小心谨慎，避免让自己陷入任何欲望，因为一旦陷进去要出来就很难了。不切实际的欲望会造成一种幻象，扭曲我们对现实的理解。

"虚其心"意味着不受外部价值灌输的影响。一个信奉道家哲学的人头脑开放，并时刻保持怀疑心态。"虚其心"并不代表处于价值真空的状态，而是说他的核心价值观反映了道的原则。"实其腹"则是说只拥有那些现实的、合理的欲望，而不是对目之所及的一切都产生欲求，我们的腹给我们的需求设定了限制。

一个信奉道家哲学的人会通过一种有效的方法来理解需求和欲求的差别。这种方法就是想象有一种完美的生活状态，而他可以而且将要在这种状态中度过余生。有了这种完美生活状态的图像，他就可以通过它来衡量自己当前相对于这一目标所处的位置。

"弱其志"意味着对自己的能力有清醒的认识，学会好好利用自己已有的天赋才能，而不是去追求不切实际的目标。收起你的野心，这样你就不会频繁地陷入挫败感和痛苦之中。

"强其骨，常使民无知无欲"，"强其骨"意思是加深对道家哲学原则的理解①，所谓"无知无欲"是指抛弃那些扭曲我们自然行为的人为价值观，因为遵循这些价值观很可能会损害我们

---

① 译者注："强其骨"林语堂译成了 strengthens their frames，与老子原文是有出入的。老子原文的"骨"就是指体魄，与前面的"腹"相呼应，与"心"和"志"相反。

的真实利益。

"使夫智者不敢为也"，这里的"智者"是指那些试图将自己的计划和想法强加于大众的社会蓝图设计师。他们的行为通常表面上都有很高尚的目的。同时"智者"还包括那些自以为聪明、以为自己能够控制那不可预测的未来的人。一个信奉道家哲学的人决不会幼稚地去相信社会给出的承诺。

"无为"的意思是用道家哲学的原则来改造我们的思维方式，令其成为我们个性的一个有机构成部分，从而自然而然地做出正确的行为。一个信奉道家哲学的人会按照环境如其本然地做出反应，明白一切都有可能发生，所以他不会试图去预测未来。以这种人生哲学去为人处世，他就不会像普通人那样总是在担心自己的预测是否真的会发生。由于他知道自己的处事方式依据的是强大的道家哲学原则，而不是社会所定义的所谓的"正确做法"，所以他总能处变不惊、淡定自若。

不尚贤，使民不争；不贵难得之货，使民不为盗；不见可欲，使民心不乱。

在金融市场中，比起真正的信号，噪音所占的比例是非常高的。所谓"噪音"包括各种忽悠和假消息，其中一些源于无知，还有一些则是人为设计的。一些机构出于推广的需要或者由于本身并不懂市场，往往向普通投资者和交易者推送大量垃圾信息、观点或者理念。市场评论家也是垃圾信息的来源之一，他们当中一部分人受其自我的驱使而自卖自夸，还有一些人则是纯粹从利益出发，通过一些策略性的话题来推销他们所谓的"新书"。交易者必须看透这些噱头，关注那些真实的信息，也就是"信号"。

交易者有两种方法来处理外部的噪音。一种方法是让自己彻底与这些噪音隔绝，只关注市场走势本身。这种方法主要适用于短线交易，有一定局限性。

另一种方法是将整个信息流当成衡量市场走势的标尺，找出它们的背离之处，并从中寻找交易机会。这种方法基于如下理念：如果信息与市场走势发生矛盾，那么市场走势永远是正确的。看到这种背离之后，交易者应该明白很可能是某种商业推广行为或者某些无知的人在试图影响大众。站在市场走势的一边，就是站在现实或事实的一边。这种方法可以给我们带来极佳的获利机会，不过它也要求我们具有丰富的经验和高超的市场观察技巧，从而能够解读获得的信息并将其与市场走势进行对比。这一问题关乎市场动力学的一个重要基石，在后面的章节中我们还会做进一步的探讨。

通常，交易新手会盲目地相信市场评论家所提供的信息。但随着他慢慢成熟，他会逐渐屏蔽这些信息。在水平进一步提升之后，他就能够轻易地发现信息与市场走势的背离。最终他积累了大量关于各种典型情境（即反复出现的走势形态）的知识，并且能够预测它们的发生。在了解机构惯用的忽悠伎俩之后，他就可以预测可能出现哪种形式的背离。通过观察事件的展开过程，一旦预期得到确认，他就能够发现交易机会。

下面是一些背离的例子：

- 股票价格并没有因为评级调升而上涨或者没有因为评级下调而下跌；
- 大盘并没有因为利好经济数据而上涨或者没有因为利空经济数据而下跌；
- 价格并没有因为普遍期待的利好消息而上涨或者没有因为普遍预期的利空消息而下跌。

如果此类背离发生在价格受预期影响已经出现较大幅度上涨或下跌之后,那么背离就更有可能带来有效的交易机会。比如,如果股价在评级调升之前就已经强劲上涨,而评级调升之后未能创出新高,就代表有力的反转信号。

一个"道论交易者"会聆听人们对市场事件的看法,保持头脑开放,因此他能够欣赏其中的真知灼见并很好地利用它们。当然,他也会时刻保持怀疑精神,那些忽悠人的把戏和出于无知的言论都逃不过他的法眼。他会仔细观察市场走势,然后将其与他人评论的内容进行比较,如此一来,就可以对自己的假设和观点做出验证,并发现交易机会。

是以圣人之治,虚其心,实其腹,弱其志,强其骨。常使民无知无欲。使夫智者不敢为也。为无为,则无不治。

一个"道论交易者"会"虚其心",不让别人的交易决定、交易系统或者恐惧与希望影响到他。我们经常会碰到某个交易者极力捍卫他自己的观点,还有各种论坛、聊天群里充斥的那些合理或不那么合理的"见解"。我们且不管那些表达观点的人是否真的知道自己在说什么,首先要明白一点,每个人的方法、目标、风险承受能力和面对的环境是千差万别的。因此对任何观点都不要太当真,只有被市场走势验证的观点才是可靠的。基本上,只有新手才会听论坛上某个不认识的人说买什么他就买什么,或者听同事说卖什么他就卖什么。事实上,只有一种人的观点应该引起你的重视,那就是那些已经被市场证明为成功的、能够稳定盈利的人。当然,对于他们的观点,你仍需要意识到你自身情况的不同之处,还要知道如何将他们的观点整合到你的交易决定中。反之,对任何没有稳定业绩的人说的话,都需要非常谨慎对待,除非他能够用行动证明自己。话谁都会说,但只有交易业绩才是一个交易者水平和风险意识的唯一证明。

老子上面这段话还可应用于交易的另一个方面,那就是设定合理的利润目标和持有合理规模的头寸。如果交易者的预期是基于自己的愿望,而不是基于市场实际情况,那么他(她)就往往会过分地去冒险。比如他的交易头寸相对于账户规模可能过大,从而超出其风险承受能力;或者由于设定不切实际的利润目标,他的头寸持有时间可能超出合理的水平。就像道家之人根据生活的实际情况降低欲求和期望一样,一个高明的交易者也会不停地问自己:"我的利润预期是否是从内心欲求而来的?它是否被观察到的市场走势确认了?"反思的目的就是提醒自己不要脱离现实、好高骛远,而只是去"实其腹"而已。在决定头寸大小的时候,他会评估风险,看自己能否承受不利的市场走势所造成的亏损。他绝不会让自己被"大赚一笔"的诱惑蒙蔽,以至于让头寸规模大到风险失控的地步。同样,在同时持有多少个品种的问题上,他的理念也是一贯的。无论市场上有多少具有吸引力的机会,他知道自己能够同时管理多少头寸,而不会超出他的能力什么都去做,否则他将无法让自己"聚焦"。

要给交易预期设定一个现实可行的标准,我们首先要将脑海中理想的交易想象成现实的交易,而不是自己幻想出来的交易。你要先计算出持有多大规模的头寸风险是可以承受的,然后设想什么样的理想走势能够在给你带来满意利润的同时又是不脱离实际的。我们可以通过这样的构想来给预期纠偏,一旦发现自己在憧憬更大的利润并在未经市场信号验证的情况下调整自己的交易指标来迎合这种"梦想",那么我们就必须对自己做出约束,要求自己严格遵守交易纪律。

一个"道论交易者"知道自己的天然局限并尊重这一点。他不会交易涨跌过快、无法掌控的股票，会避开波动过大的市场，远离自己知之甚少的交易工具①。他不会去交易那些自己看不懂的建仓形态。

就像道家之人那样，一个老练的交易者不会被那些所谓"智者"的承诺诱惑，无论这个"智者"是告诉他应该采取什么行动，还是向他打什么包票。他知道，市场中没有什么是百分之百确定的，没有人知道未来会怎么样。如果有人告诉他一定会如何如何，他就知道这个人要么是骗子，要么是自大狂。

本章《道德经》原文的最后一句非常重要，千万不要忽视。在讨论交易应用之前，我们先来重温这句话的内涵：

"无为"的意思是用道家哲学的原则来改造我们的思维方式，令其成为我们个性的一个有机构成部分，从而自然而然地做出正确的行为。一个信奉道家哲学的人会按照环境如其本然地做出反应，明白一切都有可能发生，所以他不会试图预测未来。以这种人生哲学去为人处世，他就不会像普通人那样总是在担心自己的预测是否真的会发生。由于他知道自己的处事方式依据的是强大的道家哲学原则，而不是社会所定义的所谓"正确做法"，所以他总能够处变不惊、淡定自若。

交易者应该努力地将正确的交易哲学融入自己血液中。一旦与之融为一体，他的行为将变成思维方式的自然外现。他的行动将纯乎自然、完全不费思量。当一种熟悉的市场形态出现，他无须再做重复的分析，只需采取与过去类似情况下一样的行动计划，如同套路一般。通过以往的经验，他对很多典型情境（即市场价格形态）已经烂熟于胸，对各种市场变化形成了一套应对体系。

---

① 译者注：trading vehicles，股票、期货、期权等都属于交易工具。

对于他而言，交易与预测无关，关键在于正确地应对。这个对典型情境和应对策略的积累过程，即他磨炼自己技能的过程。一个"道论交易者"会形成一整套应对不同环境的标准程序。在后面的章节中，我们将会详细讨论这一理念，并告诉大家有哪些常规程序。

根据这种交易哲学，交易者完全不必担心自己的预测是否正确，因为他根本就不用去预测。这是因为交易者把自我放到了一边——如果不需要预测，那么也就无所谓看对看错，于是自我也就没有理由现身。一个交易者单单做到这一点，就意味着在形成交易成功所必需的正确心态的道路上实现了飞跃。

一个"道论交易者"还会对什么是"好的"交易和"坏的"交易重新做出定义。既然市场是不确定的，每一笔交易都可能遭遇任何情况，那么交易的盈亏就不能作为衡量交易质量高低的唯一标准。现在，对于他而言，好的交易是指那些严格遵循他自己完善的、经过检验的交易系统的交易，而坏的交易则是指违背他自己交易规则的交易，而不是简单地以成败论之。他非常清楚，从统计学的角度来看，符合交易系统的好的交易将会给他带来回报，哪怕具体的某一笔交易结果为亏损。同样，打破交易规则从长远来看将造成亏损，哪怕具体某一笔交易给他带来了回报。依据这种交易哲学，他只是听任自然法则发生作用，而不会试图去战胜它；同时，由于他清楚自己将忠实于自己的原则，所以他的内心总是从容的。他明白，跟随市场步伐和严守交易纪律将给他带来回报。

Chapter 04

天地不仁：直面冷酷的市场

【《道德经》原文】

　　天地不仁，以万物为刍狗；圣人不仁，以百姓为刍狗。天地之间，其犹橐龠乎！虚而不屈，动而愈出。多言数穷，不如守中。

【白话文今译】

　　天地无所偏爱，任凭万物自然生长；圣人无所偏爱，任凭百姓自己发展。天地之间，难道不像风箱吗？空虚但不会穷竭，发动起来而生生不息。政令烦苛反而会加速败亡，不如持虚守静。

天地不仁，以万物为刍狗；圣人不仁，以百姓为刍狗。

【大师解读】

　　老子哲学的一个基本观念是，承认大自然是无情的，不会在意人们的主观愿望或者帮助人们去实现愿望。对于不可改变的东西，试图去改变只会带来挫败感和无谓的精力浪费。道家哲学认

为大自然不可改变,并指导我们与自然法则共处以及生存下去和获得内心的满足。普通人有没有可能找到通向澄明之路,与大自然和谐一致?答案是肯定的。但首先我们要如其本然地接受大自然之道——这是通向内心平和的第一步。不切实际的期望不可避免地会带来持续的失望,让生存下去变得几乎不可能。一个信奉道家哲学的人明白大自然不会有所选择,不会去惩罚谁也不会去奖励谁。一切结果只是每个人自己的行为所造成的,大自然对谁都不偏爱。

道家哲学明确告诉我们,我们是大自然的一部分,而非凌驾于大自然之上。我们与其他动物的主要区别是拥有自由意志,以及能够以更复杂的方式去分析我们周围的环境。然而伴随自由意志而来的是一种精神疾病——傲慢。自由意志让我们可以选择去接受或否认我们是自然的一部分。如果傲慢导致我们否认这一点,那么我们人类能够存续下来的机会将比其他动物更小。其他动物原始、简单,只是按照简单的生存法则生活,它们的行为不会伴随困惑。

相反,我们的社会持续传递的各种令人困惑的信息让现实变得模糊,事实上在鼓励我们去遵循那些并不符合我们最高利益的价值观。

比如通常我们都被教导不要在意我们周围的那些斗争。然而,无论在工作中、社交中还是日常生活中,这种自欺欺人的态度对我们都是有害的。直面现实本身、明白社会向我们传递的信息并承担我们的行为引发的后果,这是我们每个人的责任。在中国传统的道观匾额上,通常会刻着"每个人都要为自己的行为负责"

这句话①。这种责任包括保证自己免受外部危险的侵害以及保护我们的健康。遵循一种健康的生活方式，我们可以避免很多问题。道家哲学是讲究预防的，问题刚刚出现的时候解决起来要容易得多，不应该等麻烦越积越大之后再去想办法。

此外，我们社会所宣扬的辛勤工作理念同样是有害的和令人困惑的。当然，一定程度的职业道德是有积极意义的，但这一观念通常会走向极端，让我们的生活变成没完没了的工作。谋生和从事生产只能占用我们一定比例的时间和精力，而不应该消耗一个人毕生的精力。

一个信奉道家哲学的人以大自然为模范，对待整个社会同样也是无情和无偏私的。他不会接受"上帝之爱"这种错误的观念，其关心只及他身边与他有关系的一小群人。

天地之间，其犹橐龠乎！虚而不屈，动而愈出。

老子将"道"比作风箱，象征扩张与收缩的永恒循环、一阴一阳的永恒回复。正因为这一循环是永无止境的，所以才能"虚而不屈"。自然的周期没有偏好或偏私，冬天并不比夏天好，白天并不比黑夜好。大自然也并不会赋予捕猎动物或被捕食的动物更大的优势。一个信奉道家思想的人会让自己融入大自然的循环，从而能够从自然能量的流动中获益（"动而愈出"）。

多言数穷，不如守中。

殚精竭虑地去分析和研究大自然的造化是徒劳的。过于复杂的头脑会模糊真实世界的简单性和明晰性。知识必须是有用的和

---

① 译者注：不明白作者所指，道观比较常见的是"道法自然"这个标语，或许作者的解读是由"道法自然"引申而来：人也应该效法自然，即人的行为应该既不受外界影响也非其刻意安排的，如此唯一应该为其行为负责的当然只有其自己。

切于实际的。

道家将圣人分为两种,一种是真正的圣人,一种是大众所崇拜的圣人。真正的圣人告诉我们那个简单的、生命力无穷的真理。这种真理就像常识一样显而易见,又与我们的生存息息相关。相反,大众所崇拜的圣人将简单的东西搞得很复杂,让现实变得模糊。同时,他们所传递的信息是令人困惑的,如此一来他们以及他们所代表的社会就能操纵万民,号召人们为某种模糊的更高目的服务并自我牺牲。因此,一个信奉道家哲学的人会"守中",即以大自然为模范,让自己的行为方式符合大自然以及作为大自然来源的"道"。

天地不仁,以万物为刍狗;圣人不仁,以百姓为刍狗。

与道家哲学的原则完全一致,市场并不是友好的,不会想办法让你获利,不会宽恕你的错误,也不会以任何其他方式去在乎你。事实上,市场是冷漠无情的,压根不知道你的存在——除非你能够让你自己成为市场中举足轻重的人物。当然,虽然市场完全无视你,但它也不会故意打击你。如果有时候你觉得市场总是跟你作对,那只是你的理解问题。市场会惩罚大多数人,因此如果你站到大多数人的一边,而不是"聪明钱"(smart money)一边,市场就会与你作对。如果有时候你采取行动之后市场立刻给了你一耳光①,就好像市场专门盯着你、存心要打击你,这种情况通常说明你犯了某种常见的低级错误。交易新手很容易碰到这种情况,经常误以为市场在跟他(她)作对。

要想保持一个平和的心态,我们就必须认识到,市场与大自然一样,既不是友好的也不是恶意的。它是中立的、不偏不倚的,

---

① 译者注:比如你买入之后股价立即下跌,或卖出之后股价立即上涨。

不会选边站队，也没有自己的喜好。如果你的行动正确，市场就会用利润来奖励你；如果你的行动错误，市场就会无情地用亏损来惩罚你。这些都不是市场针对你而有意为之，实际上只是你自己的行为按市场的交互方式所产生的结果。

期望市场是一个友好的、对你有利的环境，将会给你带来无止境的挫败感；期望市场能够顾及你的需要和欲求，将会给你带来无止境的亏损。就像道家之人将大自然视为模范、以其代表完全未受扭曲的现实一样，一个"道论交易者"也能够接受一个冰冷残酷的市场并直面现实。

前面我们说了，市场并不会关心你，也不会刻意针对你。我们可以将市场比作大海，如果你能够正确地解读波涛的律动，并且具备在大海中游泳所需的技巧、勇气和自律，你就能够到达彼岸。你的目标是跟随市场能量的流动而动，为了达到这一目标，你需要理解市场能量的流动方式，并学会与其融为一体。然而，如果你错误地解读了波浪的方向，或者没有相应的游泳技巧和纪律来将你的理解付诸实施，那么你将会被海水淹死。人是大自然的一部分，而非高于自然的东西，一个游泳健将必须让自己成为大海波浪的一部分，同样，一个成熟的交易者必须成为市场的一部分，唯有如此才能与之步调一致。

市场与自然的相似之处还有很多方面。比如，与自然一样，市场是"弱肉强食"的。同样，与自然一样，市场对于站错队的一方没有丝毫怜悯——站错队就必须接受亏损，正确的那一方是不会大发慈悲的。

人是拥有自由意志的动物，具有反思和选择应对方式的能力。正因为有自由意志，一个"道论交易者"才能让自己与那些靠情绪和直觉来应对市场的普通交易者区别开来，才能够成

04 天地不仁：直面冷酷的市场

为冷静的观察者,行动才能不受情绪影响。我们应对市场时绝不能冲动,而应该以我们接受的训练为依据。与此同时,我们还必须明白,我们并非凌驾于市场之上,而是市场的一部分。有时候甚至一些大佬级别的交易者也会忘记这一点,并最终自食其果。比如他们可能试图操纵市场并左右其他交易者对市场的看法,然而这么做相当于挖了一个陷阱自己往下跳。市场的涨跌是参与者心理和情绪的记录,是他们的交易决定的直接结果。作为市场参与者,意味着我们是市场的一部分,必须以市场的规则和形态作为行动依据,绝不能将我们的意愿和需求强加于市场。同时,我们也不可心存侥幸,以为自己能够例外,以为我们的行动与市场波动相悖而不会受到惩罚。自以为可以凌驾于市场之上,这是傲慢的产物,以这种思维方式给自己定位,可以说是完全罔顾现实。正确的思维和行动方式通常是简单直接的,而不是复杂迂回的;同时它应该是"无我"的,因为自我的介入通常会扭曲我们的思考过程,让我们的结论越来越脱离实际。

一个聪明的交易者对市场信息非常敏感,能够细致入微地去识别哪些是真实可信的信息,哪些是人为制造的错误信息。他很清楚,别人没有义务为他的利益着想,只有他自己才能为他的行动负责。比如,所谓"从长期来看市场永远是上涨的",所以你只需要安静地等待,让市场给你打工,这就是一条错误的信息,并不能给我们带来益处。其他有害观念包括"不要试图在市场中择时(time the market)""亏损如果只是浮亏的话就不算亏损""每个月定投一点并分散投资"等。一个成熟的交易者知道,如果将通货膨胀和指数成分股调整考虑在内,所谓"市场从长期来看永远上涨"的说法是站不住脚的;成功的交易者所做的事情恰好就

是在市场中择时；浮亏可以而且完全可能造成交易者爆仓。

为实践道家哲学预防的原则，交易者必须在问题刚刚出现的时候就去解决它。因此，他要设定严格的止损，防止亏损越滚越大，给交易账户带来严重威胁。同样的道理，当他看到自己的交易方法不再有效时，他也需要想尽办法尽早做出调整，防止问题越来越严重。

此外，我们的交易还会受到错误的职业道德观念的影响。比如，有的交易者若一直不下单就感觉好像对不起交易这份工作，因此他仿佛身不由己地不停地去交易，而不管是不是真的出现了非常好的交易机会。一个"道论交易者"则不会受到这种观念影响，除非入场信号出现，否则，他会一直保持观望。

天地之间，其犹橐龠乎！虚而不屈，动而愈出。

就像风箱通过扩张与收缩源源不断地制造空气的流动一样，市场也是如此。同时，与大自然不站队、不偏私一样，市场对上涨和下跌一视同仁，不像我们主观认为的那样——上涨就是好的，下跌就是坏的。所以一个高明的交易者会与市场规律保持一致，上涨和下跌对于他而言没有区别，他只是观察趋势变化的信号并随时准备做多或做空。通过感受市场一呼一吸的自然律动并与之融为一体，一个"道论交易者"会看到源源不断的机会之流并从中获利。对于交易而言，没有偏好是非常重要的，我们不能认为看涨的市场比看跌的市场好、牛市比熊市好。无论牛市还是熊市，都是自然周期不可或缺的一部分，是能量之流不可分割的一部分，只有不偏不倚、一视同仁的交易者才能将它们纳为己用。

多言数穷，不如守中。

高明的交易者不会纠结那些与实际应用毫不相干的模糊而复杂的问题。他知道，讨论这些问题除了带来困惑和造成不当行为之外，一无是处。不切实际的讨论并不符合他的利益。反之，寻求务实的解决方案的实践性问题通常是以现实为基础的，简单、直接而有力的。他还会关注那些市场评论家所散布的信息，以便将信号和噪音区分开来。他会设法区分谁是"真正的圣人"，谁是"大众化的圣人"。后者的真实利益诉求只是为特定集团或他自己服务的，并不能给他的追随者带来任何价值甚至还会损害后者的利益。相反，"真正的圣人"给出的建议总是务实的、可验证的，也就是说，他们的观点能够付诸实施、效果能够被人们观察到。他们的建议必须能够经常给追随者带来正面效果，反之，如果总是出现负面效果，而这个所谓的"圣人"还继续坚持让大家"按兵不动"，不肯承认错误，甚至删除以往的言论记录或者归咎于追随者，那么他根本不是什么"圣人"，而是"忽悠大师"。

Chapter 05

无私：以谦卑对待市场

【《道德经》原文】

　　天长地久。天地所以能长且久者，以其不自生，故能长生。是以圣人后其身而身先，外其身而身存。非以其无私邪？故能成其私。

【白话文今译】

　　天长地久，天地之所以能够长久，是由于它们生生不息却并不是为了它们自己，所以才能长久。所以圣人居于众人之后，反而被众人推崇；将己身置之度外，反而能够保全己身。不正是因为他无私吗？所以反而能够成就他的一己之身。

【大师解读】

　　本章的内容尤其是标题具有一定迷惑性，表面上看它与我们传统的"舍己为人"的"美德"相似，然而后者与道家哲学只是顺其自然地追求自我利益的根本原则是相悖的。事实上，这里的"无私"并不是"舍己为人"，而毋宁说是"与他人混然而处"。

本章的内容可以说是一个警告，老子告诉我们要搞清楚周遭的环境并评估我们在其中的位置。它表面上看非常简单，但实际上能够运用到一些非常复杂的事情中。

社会是与我们的福祉息息相关的最重要的系统。道家哲学将社会看成一个食物链，其中每个人都是无足轻重的参与者。因此，"无私"是提醒我们要采取谦卑、防御的姿态，唯有如此才能幸存。它警示我们，我们要想活得自在，就需要与更大的力量、与自然法则保持一致（"圣人后其身而身先"）。

本章最后提出了一个问题，那就是"无私"者是否反而能够"成其私"。

如何理解"无私"反而"成私"呢？因为只有将自己的"私"放在最后一位，我们才能看到和理解比我们每个个体都大得多的系统。我们每个人都生活在各种各样的系统之中，需要与之共处，理解自己在其中的位置，然后趋利避害。这些系统都具有一些强大的力量，而我们在这些力量面前是卑微的，任何试图凌驾于它们之上的"身先"做法都将带来毁灭性的结果。因此道家之人依据《道德经》的教诲来吸取这些力量，同时避免受到它们的冲击。

老子之后最重要的道家之人就是庄子。庄子提出"齐物论"，认为我们周围的各种系统都是没有偏向的复杂结构体，其中的构成部分或许不同，但不存在谁比谁好，而全部都是系统正常运转所必需的组成部分。庄子用另一组自然和社会现象来论证这一观点："四季不同温，并不是上天逐个安排的，也正因此我们才能拥有一个完整的年度；五个部门的官员不同职，并不是君王逐个授予的，正因此我们才能拥有一个完整的国家。"

要领悟世界的统一性，我们需要对所有组成部分同等视之，

如此才不会一叶障目而不见泰山,才不会对任何部分有特别的偏爱。由于人们"通常总是从自己的视角来看待事物而看不见真相",因此我们必须尽量冷静地分析我们周围的系统。这与老子所说的"后其身"是一致的,因为唯有如此才不会受情绪影响而失之偏颇,认不清现实。

置身于一切现象之外意味着我们需要抛弃先入为主的成见和情绪的包袱。具有这种超然物外的心态就好像一位在战火纷飞之中指挥若定的将军,对形势了若指掌,丝毫不受情绪影响。一个信奉道家哲学的人会训练自己的整体性思维来理解整个环境,然后采取最佳的手段来应对各种施加于他的力量。光是理解我们所面对的是一个什么样的系统还不够,还需要根据这种理解采取行动,如此才能产生成果。然而这种行动并不是试图改变系统,相反,行动者只是去与系统/社会共存,并获得内心的满足和宁静。

庄子说:"时间上存在之前和之后,而世界处于连续的变化之中。"这句话道出了一个真理,它论述了老子"物极必反"的原则,告诉我们周遭的所有系统都处于循环往复的轮回之中。所有现象都是周期性循环的,没有东西是静止的。道家之人看到了四季交替、昼夜循环、帝国兴亡。所谓"祸兮福之所倚,福兮祸之所伏",圣人对于厄运也能处之泰然,并最终得益于此。基本上,老庄建议我们在好运来的时候不要太开心,时运不济时也不要太过沮丧。

既然所有健康的系统都是循环往复的,那么我们就应该避开那些僵化停滞的系统。一潭死水会变臭,僵化的关系会令人疲惫,失去应对能力的公司会走向破产,而失去活力的头脑会陷入困惑。

天长地久。天地所以能长且久者，以其不自生，故能长生。

交易者要搞清楚他在市场中的位置，就必须意识到市场力量与他的力量是不可相提并论的。我们绝不能去跟市场比聪明、比坚持。以谦卑之心去看待自己在市场中的位置和角色，是一个交易者能够在市场中生存下来的关键。那句古老格言"市场永远是正确的"说的就是这个意思。下面我们谈谈试图"身先"会带来哪些危险。当一个交易者认为他比市场聪明，他就不会去止损，而会不断地浮亏加仓，顽固地持有自己的头寸，自欺欺人地说"我不能被他们骗了"。这种想法显然是受自我驱使的。市场力量通常会将价格推向很远的地方，远远超出那些走错方向的交易者的承受能力。另一句众所周知的市场格言描述了这种现象："市场维持非理性的时间将超过你维持不爆仓的时间。"①

是以圣人后其身而身先，外其身而身存。非以其无私邪？故能成其私。

一个"道论交易者"明白他自己在市场"食物链"中的位置。他知道一条小鱼去正面攻击一条大鱼绝没有生还的希望。只有理解大鱼的迁徙和捕食模式并让自己与之保持同步，小鱼才不会变成大鱼的食物，并找到自己的食物。这需要我们研究和理解我们所处的这片海洋，并学会在其中毫不费力地游动。同样，在市场中，交易者要学会识别市场占主导的趋势，并让市场带着你的头寸朝该趋势的方向运行。换句话说，高明的交易者不会不自量力地与强大的市场力量对抗，而是让自己与之融为一体。

根据庄子"齐物"的教诲，交易者必须将所有市场因素看成

---

① 译者注：这句话是经济学家凯恩斯说的。

一个整体，并保持不偏不倚。这就要求我们对市场周期的牛市阶段和熊市阶段一视同仁，而不要给它们贴上好与坏的标签。交易者必须明白，牛熊阶段都有其存在的意义，市场同等需要它们二者。就像白昼不会永远持续下去，市场也不可能一直单边上涨。黑夜是大自然周期的组成部分，下跌趋势同样是市场的自然组成部分。如果能够将涨跌都视为市场的正常部分，交易者就能够让二者都为其所用。

类似地，交易者对任何一个市场参与者群体都不能有情感和情绪。对大机构的恨意并不能给交易者带来好处，反而会造成情绪失衡，从而做出不理性的、损害自身的行为。没错，市场主力的确往往与普通交易者作对，但这一点应该被看成一种自然力量，而我们应该顺应这种力量。每一个团体在市场这个大熔炉中都有自己的位置，大机构是行情的制造者，而散户要想从行情中获利，就必须依靠大机构并理解后者的运作方式。

同样，市场参与者各自的交易周期也是千差万别的。这是市场正常运行所必需的条件。因此不存在哪个周期更好、哪个周期更差，大家都是同一条市场食物链的组成部分。那些在大周期上运作的交易者会制造更强大的波动，为小周期交易者所用。另一方面，小周期交易者又为大周期交易者提供流动性，使得后者能够在恰当的时机建仓或者平仓。因此如果你认为大周期交易者比日内交易者高明，这种想法是毫无意义的，反之亦然，因为两个群体都需要彼此才能正常运作。

一个"道论交易者"对市场任何成分和力量都采取中立态度，并保持一颗谦卑的心，唯有如此他才能真正让他自己成为市场环境的一部分。搞清楚每一成分的角色是正确解读市场走势的前提。一旦理解了市场的内在周期、力量的消长与持续变化以

及每个群体在这些变化中所起的作用和反过来这些变化如何影响每一个群体,交易者就能够预测市场下一步最可能出现的反应和进展。

这种谦卑心态可以让交易者保持客观和情绪稳定,成为一名冷静的观察者。要想正确解读市场信息,我们首先要有清晰的视野,而不能被先入为主的观念障蔽。理解自己的角色可以帮助交易者保持谦卑、灵活和淡定。情绪对我们交易决策的影响有时候是毁灭性的。我们如果能够抛弃情绪的包袱,与市场力量保持步调一致,就有可能走上轻松自如的交易之路。达到这种心态的交易者行动起来是很轻松的,做决定时也是自然而然、不费思索的。正如庄子所建议的,这类交易者能够更淡定地面对困难和低谷,因为他们知道一切都是变化的,困难也是暂时的。

Chapter 06

上善若水：最佳风险管理

【《道德经》原文】

上善若水。水善利万物而不争，处众人之所恶，故几于道。居善地，心善渊，与善仁，言善信，政善治，事善能，动善时。夫唯不争，故无尤。

【白话文今译】

上善之人就像水一样。水善于润泽万物而不与万物相争，身处大家都讨厌的地方，所以最接近"道"。居处善于选择地方，心胸善于保持沉静，待人善于博爱真诚，言谈善于遵守信用，治国善于精简处理，处事善于发挥所长，行动善于相机而动。正因为不争，所以没有怨尤。

【大师解读】

水是大自然中最值得人效法的东西之一。水的特性构成了道家哲学一个根本的原则，其中最重要的一点就是它所呈现的不干预原则，也就是"无为"的原则。

如果能够以水为榜样，那么我们每个人都可以在社会中游刃有余。水的特性还与我们人的身体和心理健康相关联。道家哲学的养生实践就是将水的特性作为人体能量之流运作的原则。

首先，最重要的一点，如果水能够平稳地流动，那么它就是清澈的、健康的。水的流动速度不能太快，也不能完全静止下来，流动太快就会变得狂暴，不流就会变得腐臭。根据道家哲学，气（即能量）在我们体内和我们居住环境内的流动方式应该得到纠正，我们要令其能够像水一样平稳地流动，既不会因为阻塞而不动，也不会狂暴地东奔西流。

庄子也曾经描述了健康的头脑与水的相似之处："当头脑不停歇地过度工作，它就会变得焦虑，而焦虑又会导致筋疲力尽……水最主要的特征就是平静。这一点就值得我们人去效法，因为平静的水一直在保存能量而没有通过搅动变得分散。"

上善若水。水善利万物而不争。

水最重要的美德之一就是"不争"，只是安安静静地走自己的路，遇到阻碍就绕过去。同样，一个信奉道家哲学的人也像水一样，沿着自己的路前行，避开前面的障碍和不必要的冲突。他不会有意给自己设定各种目标，因此也就不会与他人竞争。没有竞争，他就不会遭遇敌人，从而"利万物"，因此他没有制造任何冲突的缘由。

处众人之所恶，故几于道。

水总是自然而然地往低处流，一直要填满流经之处最低的那个点，并绕开所有障碍而向前流。同样，一个信奉道家哲学的人也会以自我利益为依归，不会在乎那些矛盾的社会价值观以及他

人的利益。"处众人之所恶",意思是不去炫耀自己和展现自己的特长,以免吸引不必要的关注。道家之人往往低调神秘,因此他们能够避开各种挑战,不会将精力浪费在无谓的竞争上面。他们以谦卑的姿态处世,这样一来他们就不会唤起他们的自我,也不会引起他人的羡慕或嫉妒。他们也不会刻意去表露自身哲学观与整个社会哲学体系的差异。哲学观、价值观的差异很容易引发他人的愤怒,一个人如果对他人漠不关心,其价值观与我们的也大相径庭,是很容易成为众矢之的的。

居善地,心善渊。

在道家哲学中,成为圣人意味着找到了自己内在那个自然的核心。因此圣人会将大自然所展现的那些深邃的原则作为生活的基准,而不是大众所崇拜的所谓圣人宣扬的、大众用来构造自身人生观的那些人为价值。

与善仁。

圣人不会恶意地对待他人。这是没有必要的。这种行为属于不必要的干预,一定会遭到对方的报复和引起冲突。圣人会避免冲突,除非不得已而为之。

正如老子所言:"天下莫柔弱于水,而攻坚强者莫之能胜,以其无以易之。"①

水的力量来自它的灵活性和适应性。当前方有阻碍时,水能够耐心地调整自己,要么改道而行,要么缓慢地漫过障碍,或者蒸发为水气到空中去。从它绕障碍而行、不争不夺来看,它似乎是很软弱的,然而它的坚持不懈让它最终到达目的地。

---

① 译者注:原书将这句话误写为庄子所说,我们将其改正。

言善信。

从道家哲学的观点来看，语言是廉价的。在评价一个人的时候，道家之人会看这个人言行是否一致。圣人的行为与他自己说的那些原则是一致的，反之，如果一个人言行不一，那就是伪善。

政善治。

对于个人来讲，自身的"治"或者和谐就是获得内心的平和。内心平和既是目标也是衡量标准。也就是说，一切行为的目的都是为了获得内心的平静，同时我们可以通过体会自己的心态来评估行为是否切合这一目标。

事善能。

这句话提到了"能力"，听起来好像不那么超然物外。不过道家哲学本来就是一种非常实用的哲学，其目的是让我们能够坚实地立足于大地之上，因此它也承认为了生存下去你必须满足物质的需要。为此，一个信奉道家哲学的人同样需要从事一定的生产，需要赚钱来满足其基本的生存需求。就像道家之人必须依据各种原则来改进技能一样，他们也必须以同样的努力去从事商业活动。只有完全专注于当下，才能满足基本生活需要和达到自身目标。

动善时。

简单来讲，所谓正确的行为就是在恰当的时候做出恰当的行为。一个信奉道家哲学的人会选择一种能够让他保持在自然轨道上的行为方式。他有一套标准来判断他是否偏离自然轨道，是否

需要努力做出调整，克服那些非理性的欲求。因此，就像缓缓流动的水一样，道家之人的头脑是清澈的，而非像湍流那样为困惑所笼罩。因此，他能够毫不费力地选择"正确的时间"。

夫唯不争，故无尤。

在我们构造关于世界的精神图式的时候，我们必须时刻意识到自己的局限，无论身体的局限、创业能力的局限，还是处理社会关系的局限。我们需要对自己的能力做出现实的评估，并根据评估结果来制定行动方案。同时，我们还要谨慎地避免陷入争斗，除非万不得已，不要与人竞争。

上善若水。水善利万物而不争。

就像平缓地流动带来了水的健康和清澈，稳定平滑地交易也是管理风险和稳定盈利的最佳方式。一个人的交易账户大起大落，意味着他可能承担了过高的风险。这种交易风格会冲击交易者的情绪和心态，带来严重的"水位下降"。除了对情绪和心理造成冲击，这种做法还很可能摧毁交易账户本身，因为"水位下降"[①]幅度过大的话很快就会变得不可持续。一个"道论交易者"会提防他的交易出现过度波动，会通过降低风险来防止出现严重回撤。

交易者在解读市场走势时也应该遵循同样的原则。依据这一原则，他就可以知道一波行情是处于可持续阶段还是正在接近尾声，从而决定到底是继续持有头寸还是开始准备离场。通常，伴随稳定成交量的稳定价格走势是可持续的，可能还会持续一段时间。相反，如果出现伴随成交量激增的抛物线价格走势，通常意味着行情接近尾声。这种极端的价格/成交量变化是不可持续的，

---

① 译者注：即账户回撤。

迟早会导致行情的反转。

处众人之所恶，故几于道。

在选股的时候，交易者应该避开那些大起大落、风险过高的股票——就像一个信奉道家哲学的人会选择避开不必要的冲突和竞争一样。另一方面，一个"道论交易者"也会避开那些缺乏足够波动率的股票和板块，因为他知道，不流的水会变得腐臭。因此交易者的目标就应该是寻找那些走势健康平滑、具有一定流动性的股票和板块。

居善地，心善渊。

通常大手数买入或卖出的交易者会尽量保持低调，以避免引起不必要的关注。如果他表露了自己的意图，就很可能遭到大量小单与他争利，试图从他不小心透露的信息中获利，并阻碍他达到预定目标。因此，如果你看到异常的大单"明目张胆"地显示在你眼前，那么它很可能是障眼法，很少有老练的操盘手会告诉别人他的真实意图。

就像水在攻克阻力之后会从大坝的裂缝飞流而下，市场在突破强大的支撑或阻力之后通常也会走出强有力的行情。很多突破入场的交易方法就是基于这一原则。一个"道论交易者"如果发现某个强支撑或阻力被反复测试，他就会利用这一原则，事先做好行动的准备。

与善仁。

明智的交易者不会试图去跟市场情绪或趋势作对，企图战胜后者。相反，他最强大的武器是自我调整和适应环境的能力，就像水一样，他的力量隐藏在柔弱的外表之下。当市场行情平淡的时候，他不会强行交易。他不会试图逆势而为。相反，他会倾听市场的声音，对行情的变化保持敏感，并轻松自如地调整他自己从而去适应市场变化。

言善信。

在选择信息来源的时候，老练的交易者会仔细观察一个评论家的观点是否前后一致、是否与事实相符。只有经过市场验证的行情判断记录，才能证明一个评论家的知识和能力。反过来，正如老子所说的"不善人者，善人之资"，老练的交易者会仔细观察一个评论家的看法是否经常是市场走势的反向指标。只有具备清晰、务实、谦虚、诚实这些必要品质的评论家，才是值得关注的。与此同时，即便对于经过验证的、真实的信息来源，交易者也必须明白，自己的目标可能有所不同。因此，他会忠于他自己并听从内心的声音。

事善能。

在选择交易方法、头寸规模和持仓期限时，交易者必须首先评估他自己的能力。尽管我们可以挑战自己、提高自己的水平，但交易者不应该过度超出自己能力范围，而应该努力保持心态的平和。仓位过重有可能让交易者对他自己所承担的风险水平感到忐忑。如果心态不稳，是很容易"出昏着"的。情绪稳定和内心满足是冷静客观的决策过程的必要组成部分。

动善时。

择时是成功交易的重要方面。一个人无论对行情的判断有多

么正确,如果择时不佳,他的交易就不会成功。一个"道论交易者"会经常反思他自己的择时,思考为何他之前开仓的逻辑很清楚却并未带来交易获利?换句话说,如果行情转向的理由已经存在一段时间,而市场依然保持原来方向,这就意味着交易者的观点缺乏必要的择时信号。在构建交易体系时,老练的交易者会非常关注择时问题。他会彻底地测试交易体系,确保他的入场和出场信号都发生在最优的时刻。一旦构建出交易系统并经过严格测试,交易者的心态就能保持平和、冷静。他知道现在概率站在他这边,而事先设定的规则和参数可以帮助他控制好风险。

夫唯不争,故无尤。

一个"道论交易者"有自知之明,知道他的优势是什么,局限在哪里。他在构造交易系统时会考虑到他自己的心理承受能力、风险容忍度、执行能力和个性因素。他明白,不存在一种适合所有人的交易方法,正确的方法有很多种,而只有同时符合市场运行规律和交易者的个性特征的交易方法才是正确的交易方法。他的交易策略可能与市场规律是一致的,但也许不符合某个具体交易者的风险偏好,或者对后者而言节奏太慢。相比后者的交易策略而言,他的交易策略可能需要更大规模的资本金或平均持仓时间比后者的目标水平更长。通过将市场环境和个人需求整合到交易策略中,交易者就可以找到那个最优的点——可以带来最合意结果的策略。

Chapter 07

功成身退：判断趋势反转

【《道德经》原文】

持而盈之，不如其已。揣而锐之，不可长保。金玉满堂，莫之能守。富贵而骄，自遗其咎。功遂身退，天之道也。

【白话文今译】

执持盈满，不如适可而止；显露锋芒，锐势难保长久；金玉满堂，无法守藏；富贵而傲慢，自取祸端；功业完成，含藏收敛，这是符合天之道的。

持而盈之，不如其已。

【大师解读】

在箭术中，我们不能把弓拉得太满，否则会把弓折断。这一类比道出了道家哲学的一条基本原则：任何现象都有其极限，我们不能超越这一极限。就像弓拉得太满会折断一样，我们人的身

体和精神也有其极限。有时候在欲望的驱使下,我们可能会超出极限。超出极限将造成失衡,从而破坏我们的身体和精神。所以我们要像老子所说的那样"不如其已"。

揣而锐之,不可长保。

宝剑如果磨得过于锋利,达到极限,那么它的刃就会变得很脆,或者因为太薄而很容易卷曲,使得它无法作为武器来使用。因此,宝剑并不是越锋利越好,我们要根据剑体材质的自然属性和剑的用途来磨剑,如此才能最大程度发挥它的功能。这一比喻警告我们,不要追求理想化的状态,否则可能适得其反。我们的人生目标不应该是理想化的,相反,它应该受到我们个人能力和自然局限的限制。我们前面提到的那张"阴阳鱼太极图"告诉我们,阴中有阳,阳中有阴,阴阳互相转化,绝对的阴或阳是不存在的,也就是说不可能存在完美的东西。

我们的社会通常会推动我们去超越自然的局限,让我们通过不健康的竞争去追求程式化的所谓成功。在我们的生活当中,就像冲突一样,有些竞争的确是不可避免的,但一个信奉道家哲学的人只会与自己"竞争",与别人比较只是一个手段,用来激励自己学习、认识自己的弱点和改善自己的表现,因为总有人比你更聪明、更快、更强、更好。

金玉满堂,莫之能守。

过分追求占有物质绝对是误入歧途,这些东西都是"死不带去"的。而且,不管你怎么去"守"它藏它,都不是那么安全、保险的,积累过多的物质财富会让我们成为别人羡慕和嫉妒的对象。最近美国的金融泡沫难道不就是这样的证据吗?

富贵而骄，自遗其咎。

老话说"骄必败"，巨大的成功会导致一个人自信心膨胀、不可一世，从而埋下最终没落的种子。过度自信的人在做决定的时候往往会忽视关键的细节，并且倾向于将成功归于个人品质而不是深思熟虑的行为。加上自以为天下无敌，这必定会导致纪律缺失。

骄傲所必定带来的"败"还有一个方面，就是精神上的堕落。物质欲望太强的人通常是很难获得满足感的。因此如果一个人的满足感依赖对物质的占有，那么他这种精神上的堕落就会危及他的满足感。

道家哲学认为，因为外在的成功而感到骄傲是不恰当的，因为除了天赋、纪律等个人因素，机遇在成功中也扮演了非常重要的角色，而机遇是我们不可控制的。也许你能够在一定程度上为自己制造好运，但所谓的"横财"却永远是未知因素带来的。

功遂身退，天之道也。

我们经常看到有些人本来可以舒舒服服地退休，却选择继续工作。这可能是由于担心退休后物质生活水平下降，或者不知道多出那么多闲暇去做什么。此外，这种现象与社会的影响可能也有关系，我们的社会一直在强调努力工作是一种光荣，或者告诉我们也许只能在工作中才能找到真正的快乐。

然而老子不这么看，他认为当一切都很好了，我们就应该退休或者停下来。就像磨得太锋利的剑一样，老想着锦上添花可能反而会破坏现有的成果。道家哲学警告，世界上最难做的事情就是"功遂身退"。要明白什么时候是最佳结果出现或者说"功遂"

的时刻，我们就需要对自身的局限有深刻的认识。

持而盈之，不如其已。揣而锐之，不可长保。

大部分交易者都会碰到这种现象：本来连续多笔交易都是成功的，然而这一趋势戛然而止。原因是在长时间连续成功之后，交易者突然放弃了给他带来交易成功的做法。这并不是什么意外，而是连续大赚之后通常会发生的事情。为什么会这样？就像弓拉得太满会折断、宝剑磨得太锋利会变成废剑一样，交易者如果让成功冲昏了头脑，他的思维就不再敏锐、纪律就变得松弛，开始变得粗心大意和过度自信。更糟糕的是，他的自我开始活跃，自我在他耳边告诉他：他是不可战胜的。于是纪律和规则被抛到九霄云外，一系列毁灭性的亏损随之而来。"道论交易者"非常清楚这种危险，所以他对一些微妙的变化保持高度警惕。他知道"物极必反"的道理，任何现象到达极端之后都会走向自己的反面，因此他会想尽办法察觉那个好运发生变化的时刻，从而他让自己变得更加谨慎、加强自己的纪律、提醒自己时刻保持谦卑。

市场也是如此。强劲的趋势在到达极端水平之后通常会发生反转。一个老练的趋势交易者当看到身边的人和媒体报道对趋势延续的信心爆棚的时候，会变得越来越保守。一旦市场走势出现初步的转势信号，与大众对趋势延续的信心刚好相反，他就开始寻找反转交易的信号。至少，他会停止继续激进地朝市场先前那个大趋势的方向进行交易，以免行情突然转向造成毁灭性的亏损。他知道，大部分交易者对于市场刚出现的微妙变化往往不以为意。人都有心理惯性，很容易将这些变化看成正常的回撤，以为不值得大惊小怪。因此，他们预计市场很快就会回升、恢复原有趋势。与此同时，与趋势延续的情况不同，趋势反转是一种很容易让人

无法饶恕自己的市场情况，因为一旦判断失误要恢复元气就会非常困难。如果趋势的转变是一个渐进的过程，明智的交易者会事先做好准备——降低交易频率和仓位可以帮助他避免心理惯性和过于安于现状。

金玉满堂，莫之能守。

根据道家哲学不要执着于物欲的教诲，一个明智的交易者对于交易获利和亏损都保持一颗平常心。他明白他作为一名交易者，他的工作任务是正确地解读市场、严守交易纪律。如果他能够出色地完成这项工作，金钱的回报是水到渠成的事情。相反，如果只关注回报而非工作本身，就会造成严重的干扰。只关注金钱的得失，交易者的注意力将偏离市场本身，可能错过一些重要的市场信号。与此同时，它还会造成情绪波动，扭曲交易者对市场的看法，使得交易者失去客观性。

功遂身退，天之道也。

对于交易者来讲，最难做的事情实际上是从"前线"撤下来，转入观望。当风险变得令人无法忍受，当趋势出现衰竭信号（根据道家"物极必反"的原理，通常发生在趋势看起来最强劲、最不可遏制的时刻），当交易者的成功到达极端水平（同样，这也是触顶的警告信号），这意味着"功遂身退"的时刻已经到来，交易者应该抽身出来，重新做出评估。

Chapter 08

载营魄抱一：对市场了然于胸

【《道德经》原文】

　　载营魄抱一，能无离乎？专气致柔，能如婴儿乎？涤除玄览，能无疵乎？爱民治国，能无为乎？天门开阖，能为雌乎？明白四达，能无知乎？生之畜之。生而不有，为而不恃，长而不宰，是谓玄德。

【白话文今译】

　　精神和形体合一，能不分离吗？专注于呼吸并使之柔顺，能够像婴儿一样吗？磨刮心镜，能一尘不染吗？爱民治国，能自然无为吗？感官一开一合，能守静吗？通晓四方，能不用心机吗？生长万物，养育万物。生长而不占有，畜养而不依恃，导引而不主宰，这就是最深的"德"。①

【大师解读】

　　本章通过回答修道者面对的一系列问题，对道家哲学的一些

---

① 译者注："生之畜之。生而不有，为而不恃，长而不宰，是谓玄德。"这一段与《道德经》第五十一章重复，陈鼓应认为是错简重出，应该删除。

原则进行了总结。比起理论研究，将哲学贯彻到实践当中难度要大得多。老子这些话不过是写在纸上的文字，你能够将它们落实到行动中吗？

载营魄抱一，能无离乎？

道家哲学的核心观念是所有现象都是那个"一"的外在表现。一直通过这种视角来看待事物的变化并不是一件容易的事情。所以老子问读者能否坚守这一原则。这种坚守也是一种外在的东西，所以实际上也是"道"的表现，并不能远离"道"。①

专气致柔，能如婴儿乎？

这里所谓的"柔"是指"无为"，一个信奉道家哲学的人必须让他的本性或者说健康的自然本能来控制他的生活，而不是社会强加给他的人为价值观。"婴儿"这个词汇在《道德经》中反复出现，代表一种未受人为价值观污染的思想状态。小孩儿的直觉是非常纯粹的，对外部刺激完全通过自然本能来做出反应。像一个初生的婴儿一样，意味着有足够的弹性来承受外部施加的压力；相反，老年人是僵化而脆弱的。

涤除玄览，能无疵乎？

"无疵"代表一种时常自足的状态，"玄览"指的是我们吸

---

① 译者注：作者对这句话的解释与老子原文出入较大，主要原因是英译将"营魄抱一"翻译成了"用你的精神去拥抱那个'一'"，而实际上"营魄"就是魂魄，指身体和精神。因此老子的原意是身体与精神合一，而英译解读为精神与"道"合一。本书后面也存在这种情况，除非严重出入之处，我们就不再一一注释了，读者可以自行与前面的白话文今译对照。这其实是很正常的情况，我们今天解读古人著作时也存在各种各样的说法，更别说将其翻译成英文之后了。只要能够自圆其说而且不违背老子哲学的宗旨，大可以聊备一说。

收信息的方式，而"涤除"指的是一种思维训练，可以帮助我们保持清晰通透，避免陷入浑浊困惑。我们为人处世其实就是一个搜集信息、分析我们有哪些选择并选定一套行为方案的过程。哲学原理可以给我们提供行为规范，并告诉我们依据何种标准来权衡各种选项。道家哲学有一些冥想式的原则，其设计的初衷是帮助我们静心，让心安定下来，从而减少外部噪音对我们思维的蒙蔽。它们还可以帮助我们减少日常生活中的精神压力，因为精神压力往往会导致我们做出次优的决策。

在生活当中，有时候我们会碰到一些复杂的、看起来非常棘手的问题，无论我们如何思索探求，好像都找不到解决方案。然而，也许当我们不经意地把问题暂时抛开，只是安安静静地待一会儿，灵感可能就突然涌现，解决方案也呼之欲出。这种静心时刻所带来的思维通透恰恰是道家之人在冥想的时候达到的心境。

爱民治国，能无为乎？

这句经文中的"爱"字可能替换成"接受"更加准确。就像无论孩子是健康的还是有病的母亲都爱自己的孩子一样，一位信奉道家哲学的人必须接受他周围的人本来的样子，而不试图干预和改变他们的自然禀性。

天门开阖，能为雌乎？

"天门"是指头脑。我们的头脑必须毫不抗拒地接受道家哲学的概念，并付出必要的努力将它们付诸实施。这句话中的"雌"代表"阴"的原则，也就是灵活性。我们周围有各种各样的信息等待我们去吸收，然而如何才能以建设性的方式去吸收它们呢？这就要求每个人能够不受那些人为观念的束缚。考虑到我们外部

无时不在、无处不在的"编程"力量，要保持足够的灵活度来接受现实的本来样子，是需要极大的勇气的。

明白四达，能无知乎？

根据道家哲学，知识有两种：一种是对于达到内心满足这一目标有帮助的有用知识，另一种是无用知识。只有对这一目标有益的知识才是值得追求的。我们调整自己以适应环境变化的能力是一把双刃剑。有时候我们的头脑会不加怀疑地接受一些外部价值观，然而这些价值观往往与我们的真实本性相冲突，因此它们代表一种不健康的、功能失调的知识。不过，幸好依据道家哲学的原则，我们能够准确地判断出哪些知识是值得拥有的，哪些知识应该被抛弃。

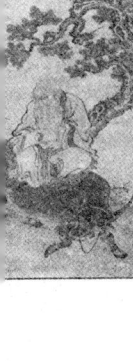

生之畜之。生而不有，为而不恃。

我们对物质的追求应该以满足基本生活需要为限度。这句经文说的"有"指的是"占有"，而占有意味着试图通过某种强制手段或侵略来获得某些东西。这显然与老子"无为"的基本原则是相违背的。

长而不宰，是谓"玄德"。

圣人非常清楚，只有极少数人能够有足够强大的意志力去严格遵循道家哲学的原则，大部分人实际上安于做普通大众的一分子。因此，圣人并不试图去改变大众，而仅仅去影响他所遇到的少数人。类似地，一个理想的领导者应该用自由放任的方法来管理社会，以便让每个公民都能够实现其自然秉性。对于个人来讲，自身的提升是一个持续的过程，需要耐心，还需要纪律。一个信奉道家哲学的人会努力遵守老子提出的原则，向内观照、控制自己的身体，认识自己的局限，知道何时该动何时该静，并随时提防我们头脑中产生的欲望。纪律和原则可以帮助道家哲学的信奉者避免陷入困惑和远离当下。

载营魄抱一，能无离乎？

对于交易者来讲，我们应该将市场看成一系列相互关联事件的持续之流。没有事件存在于真空之中，一切都是相互影响的。所有构成市场的因素以及所有影响市场参与者行为的信息交织在一起，构成了一幅完整的"大画面"（big picture）。要想在市场中趋吉避凶，交易者就必须时刻对这个"大画面"了然于胸。在交易者选定的某个时间级别之中，每一段趋势都构成更大级别趋势的一部分，确保大小级别相互验证对我们是有利的。同样，每家上市公司都属于某个行业或板块，所有的行业、板块又共同构成了整个股市。公司之于板块，板块之于大市场，前者既能够影响后者的"情绪"，又依赖后者的"情绪"。对于交易者来讲，评估它们的相互影响是有必要的。市场上每一个信息来源都代表某种观点，其中有些是客观的，有些是主观的，我们应该学会分辨它们、去伪存真。最后，市场本身还是我们社会结构的一部分，存在于经济和政治相互作用、相互影响的大环境之内。如果我们只关注市场很窄的一部分，关注很有限的时间级别或者某种不可靠的信息来源，就会导致我们看待市场时采取不完整的、受到扭曲的视角，进而做出错误的交易行为。

专气致柔，能如婴儿乎？

对于交易者来讲，像"婴儿"一样的思维状态可以表现为

两种有价值的技能。一是决策过程中的灵活性，即对市场方向没有主观偏向、不会对某个头寸持顽固、僵化的观点。偏向和思维僵化往往使得交易者无法发现自己的错误，刺激交易者的"自我"，同时促使交易者顽固地试图去战胜市场力量。然而，那种变动不居、没有丝毫执着的思维状态并不是那么容易就能获得的，因为我们从小就被教导一个充满自信的人应该有自己的观点并且毫不动摇。随意改变我们的观点往往被认为是软弱、缺乏自信和信念缺失的表现。一个人只有符合这种外部看法才会被社会认为是"正常"的，同样，一个交易者只有如此才会被周围的人视为"正常"，然而这样一来他也就失去了与市场保持同步以及灵活地应对市场变化的能力，从而最终会付出高昂的代价。

另一项技能是倾听我们自然直觉的能力。一个"道论交易者"知道直觉的价值，他通过这种能力来排除外界杂音对思维的干扰，让自然直觉对环境做出反应并指引他完成交易。如果交易者的头脑能够不被铺天盖地的宣传和形形色色的所谓"大师"的投资建议污染，那么他就能够自由地倾听唯一知道真相的说话者——市场本身。直觉的声音通常是很小的，交易者必须让自己的心静下来，才能听见这个声音。

涤除玄览，能无疵乎？

交易者必须有一套自己完整的交易哲学。这种哲学涵盖了他对如下问题的理解：市场是如何运作的？决定市场方向的主要力量有哪些？这些力量如何交互作用？它们在此过程中会留下哪些印记供交易者去解读？根据基本的指导原则，交易者就能够对从市场走势中获取的信息做出衡量和评估。这是一个"道论交易者"

克服思维混乱的主要武器。构造一个完整的、界定清晰的方法体系，可以帮助他保持清晰的思路和平衡的心态。同时，它还是直觉能够发挥作用的必要条件。如果交易者能够对市场有一个完整、清晰的理解，能够以一种不受情绪影响的静观态度来获取必要信息，并且以平和的心态来处理这些信息，那么交易决策的过程将变得非常迅速、毫不费力。在外行看来，交易者的决定似乎来自某种外部资源，好像其他人给他提供的解决方案。事实上，它是一个与自然法则相吻合的、健全的交易系统运行的自然结果。交易不像拳击，在拳击中，我们会看到拳击高手以闪电般的速度出拳，似乎在对手动作尚未完成的时候就先发制人，而一个经验老到的交易者之所以能够快速轻松地做出决定，仅仅是因为事先的准备、经验积累以及一套成熟的交易系统。

爱民治国，能无为乎？

就像道家之人接受他周围的人本来的样子一样，一个高明的交易者能够接受所有市场参与者以及他们各自的行为，而不会对他们做出主观评判，不会去指责别人或者以情绪化的态度来评判别人的行为。对于一个"道论交易者"而言，某个市场参与者与他交易的方向相反，并不意味着这个参与者就是敌人，这个参与者不应该成为愤怒的对象。只有心态有问题的交易新手，才会在做多时对那些卖出的人感到愤怒或者在其做空的时候对那些支撑价格的买家表示愤怒。这种情绪化的态度会造成其判断力下降，无法做出深思熟虑的、近乎冷血的行动。因此，我们对任何交易对手方①、市场评论家或者事件的看法都不应该掺杂情绪。

---

① 译者注：对手方即与自己交易方向相反的交易者。

天门开阖，能为雌乎？

一个交易高手会保持灵活的思维，在吸收新的信息之后有能力改弦更张。在瞬息万变的市场环境中，僵化的头脑将是我们通向交易成功之路的巨大障碍。交易者必须对市场评论家的各种观点都保持不偏不倚，能够在不受外部干扰的情况下自主地形成其行动方案，并依据环境的变化重新审视和改变其策略。

明白四达，能无知乎？

市场是一个非常复杂的东西，与市场相关的信息量庞大到超乎我们的想象，其中一些信息对于我们的决策是有用的，另外很多信息根本没有任何用处。因此交易者需要仔细地甄别哪些信息能够帮助他应对市场，哪些信息纯粹是浪费时间，甚至徒增困惑。交易者对信息进行取舍的标准就是"实用"二字，即它能否提高其实际的交易成绩。因此，交易者必须避免被无穷无尽的、矛盾的信息搞得精疲力竭。

生之畜之。生而不有，为而不恃。

在形成交易想法的时候，我们必须保持客观，不受情绪干扰。事实上，由于人性的弱点，我们很容易将自己的想法"合理化"，将感情投射到想法中，从而丧失客观审视的能力。别人的怀疑和批评往往会激起交易者的防卫心理，随着自我的介入和出于保护自己的需要，他反而会更加坚持自己的观点。"生而不有"意味着我们应该和自己的观点保持一定距离，做到冷静克制。这种中立的态度可以帮助交易者正确地评估想法本身的合理性，而不是将其视为珍宝去保护和捍卫。

> 长而不宰，是谓玄德。

然而绝大部分交易者都不是与世隔绝的。他们会以不同的方式与其他人产生交互，无论通过交易室、论坛，还是博客。在这种情况下，交易者应该学会不受他人观点影响，而是以批判分析的态度来对待他人的观点。同样，在表达自己观点的时候，交易者也不应该试图说服他的对手方，而应该让后者能够平心静气地评估他的观点。激烈的争论纯属浪费时间，没有任何实际的益处。观点不同是健康交流过程中的正常现象，事实上，正是因为大家观点不同，市场才能够有效地运转。因此，正确的态度应该是——表达你的想法，倾听别人的观点，然后分析二者能否整合成一种对市场更全面的理解，从而决定是否将这一信息纳入你的判断体系，并让对方也如是为之。

08 载营魄抱一：对市场了然于胸

Chapter 09

无之以为用：做多与做空

【《道德经》原文】

　　三十辐，共一毂，当其无，有车之用。埏埴以为器，当其无，有器之用。凿户牖以为室，当其无，有室之用。故有之以为利，无之以为用。

【白话文今译】

　　三十根辐条汇聚到一个毂当中，正因为有了车毂中空的地方，车才能发挥作用。和陶土做成器具，正因为有了器皿中空的地方，器皿才能发挥作用。开凿门窗建成房屋，正因为有了门窗四壁中空的地方，房屋才能发挥作用。因此，"有"给我们带来"利"，"无"给我们带来"用"。

【大师解读】

　　本章第一句经文通过比喻的方式向我们描述了个人与宇宙能量的交流机制：

三十辐，共一毂，当其无，有车之用。

辐条代表有独特思想和动机的个人，毂代表将个人整合成社群的社会结构。辐条与毂结合起来就构成了车轮（社会）之用（功能）。如果辐条长短粗细都很精确的话，轮子就能运转自如，同样，如果个人之间的差异变得最小，社会的运作将是最平滑顺畅的。如果我们让自己与社会之"毂"过度吻合，那么我们将失去独特性，而丧失自我意味着彻底沦为社会的工具。

然而自由意志给了我们选择的机会，让我们可以与宇宙之"毂"而不是社会之"毂"及其永恒法则保持一致。自觉地选择遵循哪一种原则是我们人生中最重要的决定之一。

庄子也曾经谈到"天道"和"人道"的选择问题。他说："天之道是根本性的，人之道是从属性的。二者有天渊之别，必须引起我们注意！"

"人道"体现为易变的道德规范，不同社会、不同历史阶段都是不同的。它们之所以是暂时性的，是因为它们属于人为的而非从根本法则而来，而且往往与大自然的原则相冲突。如果我们沉沦于这种短暂多变的社会结构之中，就相当于放弃了那个宇宙"大一"赋予我们的财富，从而可能对我们追求自我满足的生活产生负面影响。

"物极必反"的道家哲学原理告诉我们，所有现象都是由相互依存和相互转化的对立双方所构成的和谐统一体。白昼和黑夜构成完整的一天，春夏秋冬构成完整的一年。《道德经》告诉我们，当我们同时看到事物的两面，才算真正理解了事物本身。然而人们要同时看到"有"和"无"的效用，却并不是那么容易的，因为"有"具有物质的形象，而"无"却是无形无象的。

埏埴以为器，当其无，有器之用。凿户牖以为室，当其无，有室之用。

这两句话通过器皿的空间和居室的空间向我们展示了表面上不可见或不存在的东西也可以是有用的。器皿正因为有空间，所以才能够盛液体；墙壁上的空间构成了门和窗，四面墙壁所围成的空间则给我们提供了遮风挡雨和日常起居的地方。

庄子也说："所有有知觉的生命都依赖气息。当气息被打断，并不是大自然的过错。大自然昼夜不间断地保持它的开放，而人则不停地要将其封闭起来。"

这里的"气息"在庄子那里叫作"气"，指的是构成所有生命的一种宇宙能量。这种"气论"是道家哲学宇宙观的核心部分。这种"气"不能被阻断，在健康的身体中它应该是自由流动的。然而当我们被错误的观念或理想扰乱的时候，我们的"气"就受到了干扰，也就是上面说的我们会"不停地要将其封闭起来"。根据道家理论，社会上各种声音可能会影响我们与宇宙能量的和谐共处，并将这种能量"封闭起来"，甚至使我们最终走向精神崩溃。

故有之以为利，无之以为用。

本章最后这句话重申了我们存在本身的两面性。如果我们能够在满足基本生活需求的同时将适当的精力用于灵魂的提升，我们将最终"从中获利"（"利"）。同时，如果我们能够"不去作"（"无"）社会的工具，我们也将"得到好处"（"用"）。这并不意味着我们应该逃避对社会的责任，相反，精神的提升要求我们与世界打交道，同时有意识地区分什么是对社会有利的、什么是对个人有利的，并相应地采取行动。

三十辐，共一毂，当其无，有车之用。

老子提出的"辐条"与"轮子"的关系在交易中有一些非常明显的应用。第一条应用我们前面提到过，那就是到底选择成为大众的一分子还是让自己与市场的真实法则一致。如果交易者被市场中各种吵闹不休的宣传迷惑，或者相信那些形形色色的"忽悠大师"，那么他会丧失自己的独立性以及自身对市场的理解。交易者在其交易生涯中所做的最重要的决定之一，就是让他自己与各种试图影响他的忽悠信息保持距离。就其中的市场观点而言，大部分只不过是谋求一己私利的自我宣传。不过，区分具有真知灼见的市场大师与"忽悠大师"并不是一件容易的事情，如果说后者真的有什么本事的话，那就是他们当中大部分人忽悠别人的能力确实不低。交易者应该与市场信号一致，远离那些并没有将他的最高利益放在心上的没完没了的聒噪。一旦他做出了选择，去聆听市场的信息之流而不是周围的噪音，就能够避免受到外部不利的影响。不过，对于一个"道论交易者"来讲，这些负面的信息其实也是可以加以利用的。他可以将其与市场的真实走势进行对比，并搞清楚这些"演员"如此喋喋不休到底有什么意图。一旦明白了这些垃圾信息的意图，交易者就能够做出最符合自身利益的行为，既可以避免上当受骗，还能"以其人之道还治其人之身"，对这些忽悠者的意图加以利用。不过很显然，要做到这一点，交易者需要先学会解读市场语言。评论家用日常语言向他的听众说话，而市场有它自己的语言，那就是K线语言、买盘卖盘。

将外部信息与市场走势进行对比，是交易者武器库里威力最大的武器之一。对于老练的交易者来讲，如果一家公司股票价格在评级调升和利好消息公布之前就已经大幅上涨,那么评级和利好消息发布就不是买入的理由,因为这可能是一个多头陷阱。同时,通过观察这只股票的走势,如果交易者发现评级调升之后股价不涨反跌,这种背离就该立即引起他的注意。当他发现有人在放风抬高股价,忽悠新的买家入场,与此同时大批股份正在遭到抛售,那么交易者就应该知道这是一个多头陷阱。根据与市场信息保持一致的原则,他会转为看空这只股票,或至少控制自己不去追高。显然,这种价格与信息的背离模式在板块和大盘上也是一样的。

按照同样的方法,明智的交易者会寻找那些负面消息铺天盖地、价格走势却未能做出确认的板块或公司。这种情况告诉他做多的机会可能出现了或至少应该避免去做空。在上述两种情况中,就像道家之人让自己顺从自然力量一样,正是有意识地让自己与市场力量保持一致才使得交易者站到了正确的一边。

"辐条"与"轮子"之喻的另一个交易应用,是关于交易者如何看待某种曾经遇到过的市场形态。通常,老练的交易者会自动地根据一种常见的形态做出交易行为,按照类似市场走势下的一系列行动步骤来做出应对。要避免对同一形态做重复思考,我们就必须确保这一应对是真正自动发生的。重复思考是有害的,不但会降低交易者的反应速度,还可能导致交易者刻意去找出一些根本不存在的或者无关紧要的差别,从而对市场的正确走势做出另外的判断。为什么大家说"这一次将会不同"这一口号是最危险的呢?这并非毫无道理。标准的形态就应该用标准的方法来应对,而不是用创造性的方法。我们可以将这种情境(形态)看成没有个性的辐条,对其一视同仁,如此才能确保我们做出与市场形态相一致的、自动的快速反应。这种应对方式可以保证我们

在统计上有效的样本中获得成功，相反，试图创造性地分别对待每一种情况，只能带来随机的结果。

我们还要谈到另一方面的交易应用：交易到底应该受主要原则还是暂时性结构的指导？一个"一以贯之"的交易者会拥有一套精心设计的、经过市场检验的成熟交易系统。然而，由于某些特定的市场失灵，市场时不时就会出现新的交易机会。这些失灵是由不均衡造成的，比如交易所报价不统一或者新的交易科技使得一些更高端的交易机构能够抢占先机。尽管这些失灵有时候能够带来可观的机会，但它们通常是昙花一现，因为失衡状态很快就会被大家发现，机会窗口会迅速被关闭。这种短暂机会的例子之一是快速的科技进步带来的在不同市场之间的套利——21世纪初的电子通信网络（ECN）就是如此。这种利润实际上是通过一些"歪门邪道"获得的，而不是来自优秀的交易体系，而"歪门邪道"很难长期生存下去。尽管交易者不一定要彻底无视这些机会，但他仍应该提醒自己，这些机会是稍纵即逝的，不能将其作为主要的谋生手段。当机会之门关闭之后，一个稳健的交易者只不过是回到原来的老方法上就行了，相比之下，那些分不清真正的交易系统和暂时性赚钱伎俩的交易者，将会为自己的短视付出代价。

埏埴以为器，当其无，有器之用。凿户牖以为室，当其无，有室之用。

"同时看到硬币的两面"是交易者保持客观思维和平衡心态的法宝，也是交易者保持灵活性和自我调整能力的关键。对市场某个运行方向投入感情将会扭曲我们的客观性，使得我们用一厢情愿来代替现实。因此，经常从反面的观点来看待走势图是有帮助的，也就是说，当你做多的时候想想能不能做空，或者做空的时候想想是否适合做多。这种方法可以帮助我们保持客观性，因为这样一来，你就能够看清楚做一笔反方向的交易是否具有吸引力，或者在什么情况下你会做一笔反方向的交易，从而促使你转变观点。

就像大自然一样，市场的自然流动有时候会为某些特殊利益群体的干预所阻塞。这种阻塞对于一个冷静观察的交易者而言，往往能够带来交易机会。同时，就像人为障碍所积蓄的力量会快速消失一样，市场在突破阻碍之后通常也会出现快速的剧烈运动。比如，市场突破某个强有力的支撑或阻力之后往往会快速运行，而以区间突破作为入场点的交易方法就是基于这一原理。异乎寻常的大规模挂单也值得关注，这些大单被吞掉，通常是即将出现快速行情的信号。

不过，市场流动受到阻碍和行情清淡是有区别的，不能混淆。就前者而言，我们会看到在某个特定价位成交非常活跃，只是价格没什么变化。这种情况一旦"盖子被掀开"，就会出现爆发式行情。相比之下，清淡行情的典型特征是成交量非常低，尽管一旦出现某个事件或消息刺激成交活跃起来，也能带来获利机会。但这个过程可能会很长，而且你并不知道刺激因素什么时候会出现，因此我们没有必要一直翘首以待。

故有之以为利，无之以为用。

这句话是道家哲学给我们的一个警告。如果我们能够专注于自己的利益，同时，作为交易者，如果我们能够保持客观性和目标导向，那么我们就能因此而"获利"。同时，如果我们不去作那些"忽悠大师"的忠实听众，我们也能因此而"受益"。这种中立立场的一个实用例子就是交易者对待做空的态度。作为交易

者，我们知道市场上涨和下跌都是必要的，因此只要条件具备，朝两个方向交易都是自然而然的、理所当然的。然而总有那么一群人，喜欢宣扬一种所谓做空不爱国的观点。这种做法属于将不相干的价值强加到交易中。另一个常见的例子是，有些人喜欢把社会因素与市场混为一谈。比如，有些人说，根据企业在社会中扮演的角色来划分，有一些公司更值得我们去投资或交易，而另一些公司则不值得投资或交易。很显然，既然交易的目的是为了获利，那么你就应该只对交易成功感兴趣，而交易成功是由你解读市场走势的技能以及你对该技能的具体利用所决定的。那些鼓吹做空不爱国或者把社会责任强加到交易中的人，并没有真正考虑你的最高利益，听从他们将会让你深受其害。

Chapter 10

感官：安全获利

【《道德经》原文】

　　五色令人目盲，五音令人耳聋，五味令人口爽，驰骋畋猎令人心发狂，难得之货令人行妨。是以圣人为腹不为目，故去彼取此。

【白话文今译】

　缤纷的色彩令人眼花缭乱，纷杂的音调令人听觉不敏，饮食餍饫令人味觉下降，纵情田猎令人心放荡，稀有的货物令人行为不轨。因此圣人但求温饱而不追逐声色之娱，所以摒弃物欲的满足而保持清心寡欲。

【大师解读】

　我们的五种感觉——听觉、视觉、味觉、触觉和嗅觉——是我们感知外部世界的窗口。我们的头脑会对五官提供的信息输入做出分析，并基于我们为人处世的原则和框架来进行决策。然而这些信息的接收器（即五官）也可能向我们提供错误的信息，并导致我们的头脑构造出一种扭曲现实的认知模型。

五色令人目盲，五音令人耳聋，五味令人口爽。

一旦我们开始与他人接触，信息"灌输"的过程就开始了。社会将"好""坏"这些概念以价值观的形式灌输给我们，最初的来源是我们的父母，然后是电视节目、朋友和学校。这些概念塑造了我们的需求和欲望，而这些欲求反过来又成为我们行为的指导性原则。从某种意义来说，我们的感官是"同谋者"，参与了这个持续不断的、导致我们看不清现实的"编程"过程。这些外部影响的效应正是本章所讨论的一个核心主题。

驰骋畋猎令人心发狂。

《道德经》一书另一个常见的主题是，警告我们不要追求那些与我们自身才能或真实需要不相符的社会性目标。上面这句经文就是一句警告，告诉我们，不要超出个人局限去追逐那些并不能带来真正个人满足的东西。在很大程度上，我们的欲望与实际需求的内在冲突是受外部影响左右的，而这种外部影响往往以"成功"的面貌施加于我们。追逐超出我们基本生存需要的东西在老子看来属于"关注外在"，相反，构建与我们日常基本需要相一致的精神和哲学原则，让生活变得更加令人满足，则属于"关注内在"。道家哲学并不要求我们彻底放弃对物质的占有，只是警告我们，如果过度牺牲生活的乐趣去换取金钱和物质，就可能造成严重的问题。

我们的社会总是激励我们更加努力地工作、获取更多的物质享受，然而一个信奉道家哲学的人会抵制这种外部影响。他会问自己"有必要这么做吗？我真的需要更多的东西吗"或者"我这么做到底是为了自己的基本生活需要,还是说只是因为社会告诉我应该这么做"。

道家哲学认为,这种无休止的社会灌输将会降低我们对于应该如何生活做出反省的能力。这正是老子用"目盲""耳聋""口爽""心发狂"这些词汇想要表达的意思。

难得之货令人行妨。

对于大多数人而言,积累和囤积财富往往比利用这些财富来满足日常需要和提高生活满足感更为重要。这种"关注外在"的生活态度使得人们往往夜不能寐,将更多的心思花在如何确保自己那些贵重物品的安全上面,而不是花在如何去利用它们上面。① 一般来讲,如果我们总是想着去占有,患得患失,那么我们将会牺牲当下的快乐和满足感。事实上后者才是真正值得我们去珍惜,而且无法累积的东西,因为它的本质上就是"时间"。

是以圣人为腹不为目,故去彼取此。

在这句著名的经文中,老子分别用"腹"和"目"来类比"内在的、日常的需求"和"外在的、未来的欲望"。饥时吃饭,这是最基本的日常需求。相比之下,眼睛能够看到各种各样刺激人欲望的东西,并促使我们按照社会向我们宣扬的物欲满足的观念去追逐它们。因此,圣人排斥这种社会编程过程(目),因为这种编程迷惑了我们的感官,让我们心甘情愿地去追名逐利。相反,他要求自己只需要"为腹"就可以了。

---

① 译者注:林语堂将"行妨"译为 keep their owners awake at night,显然是理解成了"提防"。但陈鼓应认为"妨"的意思是"害、伤","行妨"的意思是"伤害操行",直白来讲就是,珍贵的东西容易遭人惦记、诱人犯罪。这应该是符合老子原意的,我们还可以从"不贵难得之货,使民不为盗"得到印证。

在金融市场中,宣传和灌输以多种形式出现,每天通过报纸、电视、网络这些信息渠道传递给我们每个人。它们向市场参与者传递各种各样的虚假信息,比如号称战无不胜的新型操盘软件、斩钉截铁的行情判断或者对某些股票和板块的大力鼓吹。老练的交易者知道,这些外部信息必须得到市场走势本身验证,不能让它们影响到他自己的交易决策,就算利用,也只能是利用它们来搞清楚大众正在朝哪个方向被操纵。由于对现实具有高度敏感性,交易老手能够避开这些宣传和忽悠的陷阱。

假如听说有人在兜售一套新的操盘软件,只需 29.95 美元就可以从市场中赚大钱,稍微有点头脑的交易者都会问自己:"如果真有这么好的方法,他还卖软件做什么呢?况且,如果人人都可以轻易地获得这套秘诀,而且它便宜到只需要一个麦当劳售货员一天的收入,那么它真的管用吗?如果任何人使用这套软件都包赚不赔,那么这些源源不断的利润是从谁手中赚来的呢?"

如果收到一封群发邮件说某只股票正要出现大机会,那么交易者应该问自己:"为什么发邮件的人要把这么好的机会告诉所有人呢?"只需稍加鉴别,我们就能够知道正确答案:这些都是广告,属于垃圾信息。最重要的是,我们知道,如果有人对这些错误信息信以为真并按照它去做,那么他将会面临严重的损失。

从我们对金融市场感兴趣的那一天开始,各种错误信息就潮水般地向我们涌来。这些信息是为金融世界中某些实体的利益服务的,而不是为我们的利益服务的。下面这些说法大家一定都耳熟能详了,比如"从长远来看市场总是上涨的"、"市场是不可能去择时的"、"早一点开始投资并且定期将一部分钱投进去"、"让专业人士打理你的钱",等等。这些口号似乎告诉我们,我

们根本不需要付出努力就能获得财务安全,然而其真实目的是引诱人们将钱委托给那些所谓的"专业人士"打理。这些所谓的"专业人士"的报酬来自佣金,而不是因为他们能够高效地管理资金。我们很容易就能够看出上述推理的逻辑漏洞:

- 从长期来看,通胀会吞噬部分市场回报;
- 对于你而言,只有当你幸运地从周期低点开始投资并在周期高点撤出资金,"市场从长期来看是上涨的"才是有意义的;
- 如果你采取定投的方式,跨越大大小小的上涨和下跌周期,那你的平均成本基本上就会消掉涨幅,同时你还要面临通胀扣除;
- 如果专业的基金经理人将你的钱投入某些特定的公司,那么市场的上涨可能并不能让你完全受益,因为指数会定期更换成分股,用业绩好的公司替换业绩差的公司;
- 如果市场不能被择时,那么那些专业的交易者每天买入和卖出股票到底是在干什么呢?

通过驳斥这些信息灌输、防范外部因素影响,交易者就能保持独立性,避免成为那些宣传推广者手中的牵线木偶,而只忠于市场的真实法则。

在市场中以相对安全的方式获取利润是存在天然限制的。如果我们试图去突破这种限制,就会将自己暴露在更大的风险之下,从而危及我们的本金安全、我们在市场中的生存。道家哲学警告我们,不要超出日常生活需要去追求社会向我们宣扬的物欲享受,同样,交易者应该严格控制自己的风险,避免追求不切实际的利润。无论利润多么诱惑,任何一笔交易的头寸规模都不应该大到足以危及交易者账户存在的地步。过度重仓的做法对于一个人的

交易和心态平衡是毁灭性的。就像"难得之货"让人夜不能寐一样，当交易者在市场中的风险敞口超出了他的承受能力，那么失眠几乎是一定的。一旦出现这种心态失衡，我们就知道自己一定是承担了不合理的风险。交易者应该遵循老子"为腹不为目"的教导，不去逾越理性的限制，严格控制风险，唯有如此才能长期生存下去，也才能够每天过得轻松自在。

Chapter 11

毁誉：内心的交易者

【《道德经》原文】

宠辱若惊，贵大患若身。何谓宠辱若惊？宠为下，得之若惊，失之若惊，是谓宠辱若惊。何谓贵大患若身？吾所以有大患者，为吾有身，及吾无身，吾有何患？故贵以身为天下，若可寄天下；爱以身为天下，若可托天下。

【白话文今译】

得宠和受辱都感到惊慌失措，重视身体就好像重视大患一样。什么叫"得宠和受辱都感到惊慌失措"？得宠是下等的，所以得到和失去都感到慌乱，这就叫"得宠和受辱都感到惊慌失措"。什么叫"重视身体就好像重视大患一样"？我之所以有大患，是因为我有这个身体。如果没有这个身体，我还有什么大患呢？因此能够以贵身的态度去为天下，才可以把天下寄托给他；以爱身的态度去为天下，才可以把天下托付给他。①

---

① 译者注：王纯甫曰："'贵大患若身'当云'贵身若大患'。倒而言之，文之奇也，古语多类如此者。"

【大师解读】

这一章也是老子反复说的那个意思，讲的是社会教化如何形成我们的观念以及我们如何给各项价值进行优先排序以获得最大程度的满足感。老子运用了阴阳的原理来解释如何以"自身"作为起点来评估我们人生之路上的进展。

毁誉、宠辱是由我们关于好坏的观念决定的。我们因为做了"好的"事情所以受到赞誉和恩宠，因为做了"坏的"事情所以受到指责和惩罚。好与坏、成功与失败、正确与错误，这些概念都是由我们所处社会的价值观所定义的。社会通过各种民事和刑事机构对我们施以奖惩，从而宣扬和强化这些价值观。同时这些机构所发出的信息还由媒体进一步传给我们，包括书籍、杂志、电影、电视和音乐等。社会关于幸福的模型，是通过对所谓"理想公民"的描述来构建的，我们被敦促去模仿这个"理想公民"的行为、去追求他所拥有的东西。

我们知道，价值体系的构建是为了整个社会的利益，而不是为了我们个人。然而社会是由需求和能力千差万别的个体所构成的，因此，基于群体的价值观通常与有利于个体的价值观有天壤之别。因此，《道德经》一再强调社会价值体系可能对个人满足感产生毁灭性的冲击。

纵观人类历史，价值观一直处于持续变动之中。价值观的变化会给人们造成思想困惑、不安和痛苦。然而，如果价值观能够变化，顾名思义，那么它们就不是原则性的东西。从长期来看，价值观的变化就像房屋地基中沙土的流动一样，必将造成压力乃至最后造成地基的崩塌。因此对于一个信奉道家哲学的人来讲，人生的指导性原则应该基于可观测的现象和经过证实的外在呈现，应该可以永久地为其提供坚实的基础。

何谓宠辱若惊？

社会对好坏的定义描述了那些值得赞许或应该为之羞耻的行为，这些评判会对个人产生负面影响并"带来沮丧"①。有一个隐喻可以很好地将这一观点具象化，那就是"价值之衣"。这件"衣服"是由大量线织成的，其中每根线代表一种不同的价值。所有线交织在一起构成了一件衣服，虽然它的样子很好看，但所有人都只有这一个尺码。毫无疑问，每个人身形不一，有些人穿上去合适一点，有些人就不合适。合身的人会称赞这件衣服，说自己穿上去多么好看，而尺码不对的人只能强行把自己装进去，否则这件衬衣就会成为吊死他们的"三尺白绫"。如果没有办法像别人那样把自己塞到衣服里面去，他们就会沮丧。他们将感觉自己与世界格格不入，最终开始憎恨自己或者社会。

宠为下，得之若惊，失之若惊，是谓宠辱若惊。

一个人无法达到社会的期望、被人羞辱，从而陷入颓丧，这很容易理解。然而，即便是那些获得社会赞誉的人，同样也经常是沮丧的。现实中有无数成功并未带来幸福而是变成灾难的例子。之所以如此，一个最主要的原因是，赢得赞誉是一件无止境的事情，无论怎么做好像都不够，从而造成我们思想上的焦虑。就好像在跑步机上跑步，我们永远想得到更多，又小心翼翼地担心得而复失，伴随这种患得患失的自然就是痛苦。一个人拥有越多，他就必须拥有更多，同时要花更多的时间来保护这些既得之物。

---

① 译者注：老子所说的"惊"实际上是一种"战战兢兢、如履薄冰"的特殊心态，并非出于惊恐或沮丧，林语堂将"宠辱若惊"英译为 favor and disgrace cause one dismay 并不恰当，读者可自己去体会。

所以，最后他就变成"得之若惊""失之若惊"了。

成功与幸福之间的第二个脱节之处在于，很多人相信财富是成功和幸福的关键。然而，事实上，它们应该是达到目的的手段，而绝不是目的本身。

何谓贵大患若身？吾所以有大患者，为吾有身。

每个人达到社会标准的能力有大有小，这就造成了我们思想上的负担。我们的"身"就是我们的身份和认同，我们将其与社会提供的外在模范进行比较，并时常因为无法真正模仿它而苦恼不堪。

及吾无身，吾有何患？

在这里，老子告诉我们如何通过区分有形的自我（身体）和无形的自我（灵魂）来给自己的生活设定优先次序。老子建议人们将培育灵魂放在第一位，因为身体不过是暂时的容器。不过身体也是我们灵魂的家，因此同样必须呵护它。庄子指出："完美的人不在意自我，神人不在意成就，圣人不在意声誉。"道家哲学提醒我们，人的有形生命是短暂的，无论成功对我们的诱惑，还是我们谨守的社会价值观，都会随着死亡而灰飞烟灭。认识到这一点，我们就能看淡那些社会强加给我们的目标和追求，不再为它们时常感到恐惧或者沮丧。这些东西既然只是暂存的，就意味着它们并不那么重要。不过，虽然生命是短暂的，但我们依然追求舒适满足的生活。因此，我们所面临的挑战就是，如何才能看淡社会对我们的要求，明确知道拥有多少物质是必需的、能够让自己获得满足的。过度追求占有物质将浪费我们的精力，同时导致我们变得患得患失。类似地，过度追求虚无缥缈的来世福报

同样也会牺牲现在的快乐。因此，一个信奉道家哲学的人必须在对立的状态中找到最佳的均衡，以达到和谐的状态。

故贵以身为天下，若可寄天下；爱以身为天下，若可托天下。

《道德经》一书很大一部分内容都是写给中国的统治者和政府官员看的。那些能够帮助我们有效地"治理"自身的原则，同样适用于治理一个国家。一个能够同时满足公民的物质需求和允许公民自由地发展精神的政府，是可以信任和托付的。比如制定《美国宪法》的国父们就是值得信任的，他们提出的核心原则包括政府不干预个人利益和自由思想、对国内和国际事务采取自由放任态度以及通过"三权分立"体系来限制政府的干涉行为。

贵大患若身。①

运用到交易当中，这句话有两层意思。首先，它提醒交易者执行交易任务不是为了取悦任何人或者赢得别人的赞誉。如果交易者表达自己的观点是为了博取公众同情和赢得更多追随者，那么他将面临灾难性的滑坡。这种做法除了滋养交易者的"自我"之外毫无用处，而一旦"自我"介入交易，那么他就不可能再有谦卑的心态。为了迎合大众的目光，交易者会被自己公开发表的观点禁锢，即便市场发出相反的信号，他依然会顽固

---

① 译者注：林语堂对"贵大患若身"的英译为 what we value and what we fear are within ourself，再翻译成中文就是"我们所珍惜的和所恐惧的都在我们一身之内"或者"贵与大患均在己身"。这与老子原意明显不同。前面我们说了，"贵大患若身"应该是"贵身若大患"的倒装。本书作者在讨论"贵大患若身"在交易中的应用时采用了林语堂的理解。当然，这并不意味着本书作者下面的观点是错误的或没有意义的，只不过与老子这句原文的关联可能不是太大。

地坚持自己的观点。许多交易高手，独自交易的时候往往表现非常不错，而一旦他把自己的观点公开之后，就会出现重大失败。这种现象背后的原因就是他试图取悦外部的听众，而不是做一个忠于自己的人。仅仅是将自己对市场或某只股票运行方向的观点公布出来这么一个简单的动作，就可能给交易造成障碍，因为这会让他感到自己有义务"坚持到底"。一个"道论交易者"不会轻易地表达自己的观点，而是把观点留给自己并根据它们进行交易。他不会让自己受到外部因素影响，不会让"自我"介入交易，因此能够保持谦卑和随时承认错误。这种谦卑让他保持灵活，能够轻松地应对市场突如其来的走势，对市场趋势的变化保持敏感。他将这些变化视为市场正常走势的一部分，而不会被变化打一个措手不及。

另一层意思是，我们的内心世界、思维方式、个性特征以及自控能力才是决定我们交易成败的关键因素。很多交易新手往往将交易成败归于外部因素，指责市场、邪恶的大资金或者评论员、分析师。更多的人则是试图寻找某种"神秘的"交易系统、某种"神奇的"指标或者被人刻意隐藏的公式，以为它们才是实现交易获利的法宝。正是由于这种错误心理普遍存在，所以我们才会看到大量网站兜售他们一文不值的所谓致富"秘诀"，号称什么"首次公开"、什么"专业人士对于我们公开这一秘诀感到愤怒"。很显然，并没有所谓的"秘诀"，这些方法之所以"首次公开"，是因为根本就没有什么可公开的，真正的专业人士也从未听说过这些夸大其词的方法。有效的交易系统其实是众所周知的，我们从大量的书籍和文章中都能看到，而且其中大部分内容都是非常简单的。交易者真正的任务不在于找到一种系统或选择某个指标，这些与交易成功并没有

必然联系。真正的问题在于，交易者能否严格执行某个交易系统、能否表现出强大的自控能力。我们之所以失败，并不是因为我们没有学会交易规则，而是因为我们没有去执行它们。我们的交易行为并不总是理性的，并不总是基于逻辑和追求自身最佳利益的。相反，我们更经常地受到自身情绪、被扭曲的视角和个人愿望左右。因此，我们的内心世界才是成功之路上的最大障碍。正是由于这一缘故，不同交易者采用同一交易系统会产生不同的结果——即便系统是一样的，大家的应用和执行却大不相同。有些人会严格地执行交易系统，有些人则会经常打破规则，以为他比系统更聪明，还有一些人被自我、恐惧、贪婪和主观愿望等因素破坏心态，完全失去自我控制。

经过长期的探索，一些人慢慢发现，要成为一名成功的交易者，他们首先需要了解自己和改变自己。他们现在知道，只有深入地了解自己，包括自己的优点和缺点，才能预见在何种市场情境下他们可能获得交易成功、何种情境下可能出现交易失误。有了这种了解，他们就能为下一步的行动打下基础——改造自己的内心世界，培养有助于交易成功的性格特征，改掉对交易不利的性格特征。换句话说，就是去培育和训练那个"内心的交易者"。这一调整和改变是我们学习交易过程中最重要的一环。

宠为下，得之若惊，失之若惊。

我们前面说了，交易者执行交易任务并不是为了赢得别人的赞誉。他只是做他自己，与市场保持同步，根据自己对市场的解读采取行动。无论他成功还是失败，试图取悦外部听众都是严重有害的。他人的赞誉会唤醒交易者的"自我"，促使交

易者发表更多观点，以获取更多称赞。在这种情况下，交易者往往并不是在有必要说的时候去说，而是为了说而说，仅仅为了让他的听众保持"消息灵通"或者获得娱乐。反过来，听众的负面反馈可能对交易者的自尊心造成打击，很容易带来愤怒、怨恨和失落感。这些情绪将促使他去做一些无谓的争辩，造成对时间和精力的巨大浪费。这是一个恶性循环，为了维护自己的观点他可能采取更强烈的防卫行为，试图向一群彻底的陌生人证明自己的价值。这一切都是不带来产出的、只会搅乱和摧毁他自己心态平衡的做法。

一个"道论交易者"不会去做这些无谓的事情，而是继续交易，并将在市场中的成功作为证明他自己能力的唯一标准。即便他不得不表达自己的观点，在遭到反对的时候也不会去辩驳，而是让听者自己去搞清楚逻辑所在，听不听、信不信是别人的事情。他会回答那些诚心诚意的求教者，但不会陷入无谓的争吵。口头的胜利对于他而言没有任何价值，他知道，这种胜利唯一的结果就是带来"自我"的满足，而这并不是他所追求的。

吾所以有大患者，为吾有身，及吾无身，吾有何患？

毫无疑问，交易的目的就是赚钱。不过，吊诡的是，如果交易者不把心思放在赚钱上，他的表现会好得多。如果交易者只关注交易行为与金钱有关的一面，那么他就会被恐惧左右，产生保护浮盈和避免亏损的强烈欲求，心态变得非常脆弱。这种逐利动机从表面上看是正确的，但实际结果却是有害的，因为它鼓励交易者根据自己的账户情况而不是市场告诉他的去做出行动。其结果是，即便市场并未发出卖出信号，他也可能由于害怕浮盈消失而锁定很小的利润。类似地，市场还远未证明

他的交易已经失效，他可能就主动止损或者在盈亏平衡点平仓出局。这种行为将会破坏交易系统赖以建立的概率分布。此类交易者并不是根据市场有效的、真实的信号，而是基于一些没有意义的小幅波动，也就是市场噪音去做出行动。有时候，我们只需要做一个简单的动作，即将交易软件中"盈亏"一栏隐去（"及吾无身"），就能让交易者不再关注交易盈亏，而只关注正确的东西，也就是交易这项工作的真正对象——市场走势。打破行为与金钱的精神联系之后，交易者就能减轻恐惧带来的压力和避免受到自身情绪的影响。

故贵以身为天下，若可寄天下；爱以身为天下，若可托天下。

对于一个高明、老练、对市场有深刻理解的交易者而言，交易是他生活的自然组成部分。他将交易活动看成世界自然秩序的一种表现，而不是某种有其单独规律和法则的特殊活动。他能够理解主导整个世界的自然法则与市场法则的相似性和相互关联。他明白，作为万事万物运行法则的"道"，在交易中的自我显现与在任何其他生活现象中的显现是一样的。他不再用对立的观点来看待他自己与其他市场参与者或者看待他自己与市场本身，而是将他自己视为市场不可分割的一部分（"贵以身为天下"）。与市场一体的观念可以帮助他理解市场的运动、变化和意图，从而能够自然而然地跟随市场而动，就像一片树叶在小溪中随波逐流。现在，市场对于他而言不再是一个充满敌意的环境，而是一个没有恐惧、令人尊敬也值得尊敬的栖居之地。交易者此时对市场的习惯就像习惯自己的家一样。这种精神状态让压力彻底遁形——不像那些交易新手，一个"道论交易者"不再与市场处于交战状态。与此同时，他也不会变得安于现状、粗心大意，而是

像敬畏自然一样敬畏市场的力量。他就像一位经验丰富的船长，在大海狂风巨浪中如履平地，一举一动都信心十足，将恐惧牢牢控制在手中，同时对大自然的力量又不失敬畏之心，时刻战战兢兢、如履薄冰。

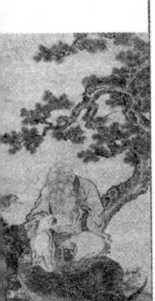

Chapter 12

道纪：专注于法则

【《道德经》原文】

视之不见，名曰夷；听之不闻，名曰希；搏之不得，名曰微。此三者不可致诘，故混而为一。其上不皦，其下不昧，绳绳兮不可名，复归于无物。是谓无状之状，无物之象，是谓惚恍。迎之不见其首，随之不见其后。执古之道，以御今之有。能知古始，是谓道纪。

【白话文今译】

看它看不见，名叫"夷"；听它听不到，名叫"希"；摸它摸不着，名叫"微"。这三者的形象无从究诘，而是浑沦一体的。它的上面不显得光亮，它的下面也不显得阴暗，绵绵不绝而不可名状，最后返回没有物质形象的状态。这就叫没有形状的形状、没有物体的形象，我们叫它"惚恍"。迎着它却看不见它的头，跟随它却看不见它的尾。把握亘古长存的"道"，来驾驭现在的事物。能够了解"道"的原始，就叫作"道"的纲纪。

【大师解读】

《道德经》中一个反复出现的主题就是告诉我们要接受自身的局限性，无论身体的局限性（比如我们能举多重、能跑多快）、智力的局限（比如我们心算的能力），还是形而上的局限（即我们认识所有通常被归类为"精神性"现象的能力）。

我们人的生命不过是宇宙长河中转瞬即逝的泡沫。这种局限性有多重意味，其中，由于对我们生前和身后的时间一无所知，因此我们生活在世界上的每一刻都是极为宝贵的。同时，由于死亡会出人意料地到来，因此我们更应该有一种必须去努力学习的紧迫感。

本章以"道纪"为标题，正是要提醒我们肉身的局限性。"道"存在于我们所知的时间之外，存在于我们所定义的"开始"之前，比宇宙更加古老。这一起源给出了我们局限性的另一层面——我们只能思考我们可以定义的事物，而"道"超出了任何语言描述。

通过观察"道"的外在表现，我们可以推测我们身处的世界依据一系列原则而运转，然而这并不意味着我们能够理解这些原则的运作方式。比如，我们能够观察到重力现象并将其称为"重力"，但为其命名并不代表我们真正理解了它。我们给很多法则命名，测量它们的表现，甚至给出公式来预测它们的效果，然而，我们并不能看到那个使这些法则存在的内在系统。我们还可以看到世界的一致性，比如重力法则今天有效，昨天有效，也许明天同样有效。于是，我们通过经验判断出，世界是一个系统，有其内在的法则，然而即便认识到这一点，这个系统整体依然超出我们的理解能力。

我们把这个系统叫作"道"，把这个系统的外在表现叫作

"德"。由于我们能够看见的只是外在表现,因此我们也只能通过研究这些表象来了解那个内在的系统。这并不是毫无意义的智力游戏,我们对一个系统的运作模式了解越深入,就越能避免成为其受害者。

视之不见,名曰夷;听之不闻,名曰希;搏之不得,名曰微。此三者不可致诘,故混而为一。

"道"作为万物的本源是不可见的,只有它的外在表现("德")才是可见的。大自然向我们展现了道家哲学的原则。我们的一切感官都无法感知"道"本身:不可见、不可闻、不可触。也就是说,"道"无法被直接感知。我们无从得知世界万物的源头,它们的目的地对于我们而言也是不确定的。不过我们可以通过分析"道"的外在表现总结出那些发生作用的力量,从而为自己装备必要的武器,在生活中趋吉避凶。

其上不皦,其下不昧,绳绳不可名,复归于无物。

光明缘于太阳的存在,黑暗缘于太阳的隐去,而太阳本身就是"道"的外在表现。世界上所有现象生生灭灭,而"道"本身是绵绵不绝的。这一系统是恒在的,正如创造与毁灭的过程永不停息。

我们的有限性特征使得我们不可能找到那个"道"。试图去回答不可回答的问题没有任何益处。纠结于超出我们能力的问题,纯粹是浪费宝贵的时间。相反,我们应该立足现实,去解决那些我们真正能够理解的问题。既然生命是有限的,那么,寻找当下的满足就是一件迫切的事情。

是谓无状之状，无物之象。

"道"本身并不是物质的，因此没有形象——它恰恰是所有物质之形象的赋予者。换句话说，"道"没有可见的形象可以让我们有限的智力和理解能力感知它，同时它又是我们所能够感知的一切有形之物的来源。通过理解这些有形之物，观察它们的相互作用，我们就得到了一种"无物之象"。

是谓惚恍。迎之不见其首，随之不见其后。

"道"之所以是"恍惚"的，是因为它否定我们试图去看见它的任何努力。我们自身就是"道"的外在表现，因此，祈求看见"道"，就好像说一个方向盘能够看见和理解整辆汽车的运行原理一样。凡是我们能够看见的，都属于物质，因此仅仅是"道"的外在表现。

执古之道，以御今之有。能知古始，是谓道纪。

尽管物质世界变动不居，然而"道"并不变化。我们也不能改变"道"或它的运作方式，任何试图将我们的设计强加于它的努力都注定要失败。所谓"执古之道"，就是要认识到我们的世界内在运行法则的本质。

老子将自身视为物质世界永恒变化之流的一部分。他意识到，一切物质现象都是暂时存在的，世间万物处于永不停息的变动之中。他明白这些变化是不可避免的，因此不会有丝毫的排斥和抗拒，而是调整自己去适应变化（"以御今之有"）。

老子在这里之所以强调"今"，是要警告人们不要将过多精力放在筹划或期待将来上。《道德经》反复告诉我们，过度筹谋

是无益的。如果能够清晰地看到现在在发生什么，我们就能够把事情做好。请记住，我们并没有预测未来的能力。

视之不见，名曰夷；听之不闻，名曰希；搏之不得，名曰微。此三者不可致诘，故混而为一。

市场是通过对立力量的动态的相互作用来运作的，其中一对力量就是买入和卖出。尽管市场最终的运行方向是由（当前）更强大的一方决定的，然而我们并没有直接的方法来判断哪一方更强大以及强大多少。许多交易者都试图通过各种各样的分析来预测市场走势，其中某些人会陷入一种误区，试图找出市场走势背后的一切因素，希望可以得出一个完全肯定的结论。这种思路注定是要失败的。市场背后的驱动因素非常复杂，绝不是单凭一己之力就能解读出来的，更重要的是，这些因素或力量并不是静态的。随着市场价格不断变化，市场参与者的意图也在不断变化——旧的行为动机被抛弃，新的行为动机出现。人们在考虑新的交易计划，新的实体产生兴趣并加入游戏，各种完全与市场不相干的因素在影响人们的决定，诸如此类。

如果行情背后的主要力量能够被大家直接看到，那么这些力量就不可能发生作用。比如，当大资金打算买入的时候，其他还没有"上车"的交易者就会试图抢在他前面买入，同时卖家会转为持股不动，不愿将筹码低价让给大资金。同样，当大资金打算卖出的时候，其他担心卖不出去的交易者就会试图抢在他前面卖出，同时买家会取消他们的挂单，不愿在价格大幅下跌之前买入。因此，如果行情的内在驱动力真的能够被直接观察到，市场的连续性就会被破坏。真正起作用的力量是无法被大家看见的。

　　一个"道论交易者"知道，一旦出现行情方向或者市场事件变得一目了然的情况，那么就很可能是一个陷阱，用于引诱那些对市场理解过于肤浅的人。在市场中，某人要获得交易成功，就必须有人做他的对手方或者被骗去当对手方。如果一切都那么显而易见，谁会蠢到去当对手方呢？如果某一消息是如此明显，以至于所有人都能预见它，那么我们所预期的行情必然在消息公布之前就已经发生。换句话说，明天的事件已经被今天的价格走势反映了。因此，那些线性思维的、以为市场总是以逻辑的和简单直接的方式运行的人，将会不断地陷入失望。他们看到接下来有事件要发生，然后就想当然地认为市场会按照这一事件的影响来运行。他们根本没有想过，如果他们一眼就看到了这一事件因素，那么基本上所有人都已经看到了。你不可能依据它来下单交易，因为不可能所有人都成为赢家。在这种情况下，根本没有人来做你的对手方——如果所有人一眼就看出价格必定会上涨，为什么还会有人去卖出呢？同样，如果价格明显要下跌，那么也就不会有人买入。

　　对于一个深谙道家哲学的交易者，当他看到价格一眼看上去"不可避免地"要下跌，但一直有人在买入并使得价格保持稳定，他就知道这是一个空头陷阱，那些受到诱惑去做空的交易者将落入陷阱。相反，当他看到价格一眼看上去"不可避免地"要上涨，但一直有人在卖出并使得价格保持稳定，那么他就知道这是一个多头陷阱，那些受到诱惑去做多的交易者将会落入陷阱。明白市场中不存在所谓一目了然的东西，这是交易者最强大的武器之一。掌握了这一武器，交易者就可以反其道而行之，去寻找那些根据某一信息可得出显而易见的结论，但市场走势却与这一结论相反的情况，然后站到市场价格的一边，也就是站在显而易见之事的对立面。

一个"道论交易者"知道，某一消息知道的人越少，与消息相关的行情发生的概率就越大。因此，与试图找出影响市场走势的内在原因和力量相比，更可靠的判断行情朝某一方向运行的概率的方式是去解读这些力量的外在表现：大资金在行情启动前埋伏的时候，一定会留下某种痕迹。我们可以通过他们的买入和卖出来判断他们是在吸筹还是在派筹；通过价格上涨或下跌过程中成交量的增加和减少来判断市场阻力最小的方向。通常，吸筹或派筹如果是不动声色的、循序渐进的、并未造成引起关注的剧烈行情变动的，往往就是大资金活跃的征兆。发现这种循序渐进的走势之后，交易者就应该按照这个方向去下单，然后静静地等待消息变得人尽皆知。利好消息出来后冲高回落的走势代表提前埋伏的聪明钱在离场，此时我们也应该平仓离场。相反，那些看到显而易见的利好消息而追涨买入的交易新手此时已完全被市场的突然逆转搞得晕头转向了。

在网络上，你会发现很多交易者都在试图寻找一切可能的解释，无论关于某家公司、某个行业板块的信息还是某种科技或者产品。在不停地搜集信息的过程中，他们忘记了自己做研究的初衷。他们原本是想搞清楚价格可能会怎么走，结果现在他们试图把自己搞成某个领域的专家，四处去咨询那些所谓的业内人士，以为将零零碎碎的信息拼凑起来，就能得出一个全面的结论。他们以为找一名医生聊聊一种新药或者找某公司内部人士聊聊他们生产的一款科技产品，后者的专业意见就能帮助他们预测未来。事实上，大多数情况下这种做法都属于浪费时间，将导致他们得出错误的结论。这名医生在餐桌上随口一说的简单评估并不代表严肃的专业意见。还有一种做法问题更

12 道纪··专注于法则

大,那就是网络论坛上一群陌生人互相交换意见形成的所谓的"集体研究"。对于这些形形色色的人,无论动机还是资历你都搞不清楚,既不知道他们以往的交易成绩,也不知道他们是否具备专业资质,怎么能依据这些更可疑的信息来源做出交易决定呢?这种不断搜集信息的做法造成了时间的巨大浪费,而一些人之所以乐此不疲,归根到底是因为未能明白道家哲学的一条重要原则:我们不可能找出所有信息,然后凭借它们达到绝对的确定性。这并不是说研究是没有必要的,而是说研究应该"适可而止"。同时,对于信息来源我们必须反复验证,网络上匿名的交流很容易让那些有问题的信息乘虚而入。

  交易者必须认识到,作为市场的一部分,作为市场参与者之一,他自己本身也是市场力量的外在表现。如果他想要搞清楚其他玩家的想法、感受和应对,他就需要去观察他自己的想法、感受和应对。当他感受到极度的恐惧、虚假的希望或者兴奋得不得了,那么很可能其他交易者的心理状态也是如此。从自身看到这些情绪之后,他就可以将它们作为一个窗口,去洞悉其他参与者的心理。这种自我观察过程制造了必要的距离,可以使交易者达到更有效的自我控制,同时帮助他理解其他市场玩家的行为动力。通过这种静观方式察觉到的情绪会失去色彩,从而变得更容易控制。当交易者深入理解了何种应对方式可以让其他交易者亏钱、何种应对方式可以让他们获利,他就能够意识到自身那些同样的应对方式,控制自己不要去冲动行事。这种将自己看成市场一部分的哲学观是了解自己和他人的强大武器。通过这种方法,交易者就能从大众中抽身出来,从而达到更高层次的理解和自我控制。

执古之道，以御今之有。能知古始，是谓道纪。

推动市场行情的真正力量是描述变化如何发生的法则，包括大自然的法则以及大众心理的法则。这些法则并非物质的东西，所以它们本身并不会变化。它们创造了物质形态，因此要想理解受它们影响的物质形态，我们就必须研究和理解这些法则。专注于学习这些法则，相比研究那些微不足道的变化本身，效率要高得多。如果一个交易者的结论来自某种基本的法则，那么他所处的层次就要比其他人高得多。对于他而言，那些表面看上去引人注目、实际上并不重要的市场变化都逃不出他的法眼。

我们可以设想一下，假如某只股票由于刚刚出现在CNBC电视节目中而大幅飙升，某个交易者被这种造市行为的表面现象迷惑，会买入并一直持有，然后期待电视节目说的那些利好能够兑现。然而一个"道论交易者"知道，像这种小事件从大局来看是微不足道的，一旦短暂的热情消退，股价会重回正常轨道，其价格走势将受到市场法则和趋势制约。如果他的交易周期比较长，不做日内行情，那么他将完全忽略这一事件。如果他是一个短线交易者，他将试图从这一快速的价格变化中获利。当然，他显然不会让自己被电视宣传欺骗、迷惑于短暂的兴奋感而放弃对大局的把握。无论面对电视节目、分析师评级调升，还是出版物中的文章，公众做出反应的机制都是一样的。

一个"道论交易者"知道，主导市场变化的那些主要法则本身并不发生变化，因此他习惯一碰到新的市场环境或形态就去寻找相似点。相反，那些轻信市场消息、不分青红皂白就投身进去的交易者，往往倾向于夸大他们所观察到的差异。这使得他们动不动就觉得他们遇到了什么前所未有的机会。这种看问题的方式

会让他们陷入无助,因为他们没有可以参照的东西。由于自以为进入一片未被开拓的领域,他们无法看到其实这种所谓的"新"环境背后,依然是同样的永恒法则在起作用。他们会试图依据这一"新范式"来采取行动,而忽视真实的市场形态,并站到市场真实形态的对立面去建立头寸。如此一来,交易者就违背了本章《道德经》提出的两个原则。第一个错误是被短暂的市场走势迷惑,而忽视了永恒的市场法则。第二个错误是认为市场走势可以被精确预测,以为他自己的理解是唯一正确的理解,市场必定会按照他所规划的路线走。依据这种错误观念去交易必定造成挫败和亏损。一旦市场证明他是错的,那么他几乎不可避免地会将亏损归咎于大资金的操纵、归咎于某些邪恶的力量及其富于欺骗性的行为。通过这种解释,他将自己描绘成某个邪恶全能的市场操纵者的受害者,从而使他的"自我"不受伤害。这自然可以让他感觉好受一点,但对于通过交易获利这件事而言却于事无补。这一切只会带来挫败感和愤怒,绝不会带来产出。因此,我们说那句"这一次与以往不同"是人类历史上成本最高的一句话,并不是毫无道理的。

其上不皦,其下不昧,绳绳不可名,复归于无物。

最后,谈到市场的永恒法则,我们就必须再次涉及市场周期的概念。交易者中存在一种常见的错误观念,就是期待市场永远朝一个方向运行。他们认为,根据他们所了解的经济基本面或者具体某个行业、公司的基本面,这些力量将会推动价格永远运行下去,因此永远不需要止盈。大家可以回想一下,在1998年到2000年的科技泡沫中,有多少所谓的"投资者"根本没有意识到泡沫会有破裂的一天,而是日复一日地在谈论什么"新经济"。

再回想一下美国最近的房地产泡沫，泡沫破裂时有多少人被打了个措手不及。在市场下跌过程中同样如此，金融危机后美国股市在2009年3月见底并反转走高，然后进入漫长的持续上涨，而很多人在整个上涨过程中一直试图做空市场。随便到网络上看看，你就会发现无数看空的交易者在论证他们的看空逻辑，顽固地认为应该做空市场和持有空头头寸。一再被市场打脸之后，他们又在网上发泄自己的挫败感和愤怒。同样，这些交易者也是以他们主观的、有限的理解为依据，被他们的观点左右，在"自我"被激发之后，他们只能顽固地坚持自己的观点，就好像正确和获利是他们的天赋人权一样。

　　相反，一个老练的交易者尊重市场法则，对市场变化保持敏感，不会幼稚地自以为比市场更加高明。他会把精力放在市场走势上，倾听市场在说什么。当市场出现几个月的急剧下跌之后，他会期待趋势反转，因为他知道市场是以周期模式运行的，上涨行情会演变成下跌行情，下跌行情动能衰竭之后会再度上涨，如此循环往复。在整个市场周期中，一个"道论交易者"会观察谁在过早地期待趋势转变、谁在过久地停留在趋势中。这两类人都犯了同一个错误，只不过表现不同：他们都没有尊重市场的自然力量，没有给市场力量恰当的时间来展现自身。这些交易者相信自己有能力预测未来，没有做丝毫的保留，没有表现出应有的谦卑。这种过度自信来自自以为可以确定地把握市场的错误观点，从而导致他们过早地寻求趋势反转，或者过长地停留在市场趋势中不肯出来。

　　一个"道论交易者"会如何解决跟随趋势与转变倾向之间的矛盾呢？通过认识到他无法确知市场的全部内在变化，通过忽略外部消息和观点等噪音，通过聆听市场语言。

在决定是否继续跟随趋势的问题上，他并不靠猜，而是等待市场告诉他趋势已经发生改变。无论采用何种解盘方法，他的交易系统中都包含趋势改变的信号，他会观察这一信号是否出现——无论走势形态、技术指标，还是K线信号。当不确定性超出他的舒适水平，他会降低仓位以控制风险。通过这种方式，他可能错过那个精确的反转点，但他对此并不介意。因为他知道我们不可能抓住那个精确的顶或底，试图去猜顶测底只是交易者的"自我"在作怪。相反，明智的交易者会等待市场给出趋势转变的明确信号，然后了结头寸。或者，他也可能在风险大幅上升、超出可接受的极限时平仓。

在决定何时反手开仓的问题上，交易老手同样不靠猜。同样，他要等待市场告诉他趋势已经转变了。同样，只有当他的交易系统发出了信号，他才会采取行动。同样，通过这种方式他可能错过精确的反转点，但他并不介意。他不太可能去参与初始的那一段趋势，也可能错过趋势末尾的那一段，而是去捕捉最容易解读、风险最低的那一段趋势。

这种交易方法是符合道家哲学原则的。交易者应该如是行动：

● 尊重市场周期；
● 不要自认为比市场更聪明；
● 聆听市场信号；
● 对市场变化保持敏感；
● 让自己的行为与主导市场的永恒的自然法则保持一致。

Chapter 13

善道：高明交易者的特征

【《道德经》原文】

　　古之善为道者，微妙玄通，深不可识。夫唯不可识，故强为之容：豫兮若冬涉川，犹兮若畏四邻，俨兮其若客，涣兮其若凌释，敦兮其若朴，旷兮其若谷，混兮其若浊。孰能浊以静之徐清？孰能安以动之徐生？保此道者，不欲盈。夫唯不盈，故能蔽而新成。

【白话文今译】

　　古时善于行道的人，微妙、玄远、通达、深不可测。正因为深不可测，所以我们只能勉强来形容他：他小心翼翼就像冬天过河一样，他瞻前顾后就像提防四邻一样，他拘谨严肃就像到别人家做客一样，他和善可亲就像冰柱消融一样，他敦厚朴实就像未经雕琢的木材一样，他旷达宽广就像深山幽谷一样，他混混沌沌就像浑浊的水一样。谁能像浊水一样在静中慢慢澄清？谁能身处安定在动中慢慢趋进？持守此道的人不肯自满。正因为不肯自满，所以才能去故更新。

【大师解读】

　　一个技术高超的专业人士会通过实践成果来展现他的能力，同样，一个人如果将道家哲学内化，他的行为就应该反映这种哲学的神秘之处。撇开行为，任何智力或精神上的成就都不过是纸上谈兵。老子强调，行动才是技能娴熟与否的试金石。

　　《道德经》一书是非常全面的，不但解释了道家哲学的原则，还向我们描述了一个人在日常生活中应该表现出哪些特征。本章列出了道家圣人所具备的7个性格特征：

1. 豫兮若冬涉川

　　我们普通人都是以随意的心态和很低的精神集中度去处理日常事务。在面对琐碎事情时，这种放任自流的态度似乎并没有什么危害，但我们却养成了一种不良的习惯。我们都知道，在关键时刻，一个错误的决定可能是毁灭性的，然而在那些表面上看起来无关紧要的情况下，我们却不太可能发现一个次优决定可能蕴藏的危险。这些次优决定会产生一种累积效应，随着时间推移，累积的失误会像雪球一样越滚越大。因此，老子认为，即便在日常的任务中，我们也要保持谨慎和精神集中，就像"冬涉川"一样。

　　小心翼翼地介入一件事情并时刻保持警惕，可以提高我们对周围环境的敏感度。这种做法可以帮助我们从环境中获取那些微妙的信息，并发现那些粗心的观察者无法看到的东西。如此一来，我们对事物的进展做出反应的方式就好像预见一般，这种能力在缺乏经验的人看来便显得神妙莫测。

2. 犹兮若畏四邻

　　这里的犹豫更确切的含义是不信任，"畏四邻"意思就是对

周围的一切保持怀疑态度。一个信奉道家哲学的人非常清楚，我们与他人利益的冲突以及环境剧烈变化超出我们的控制能力，这些都是生活的常态。因此他会避免去做一些假设，而是谨慎地对待那些存在矛盾的细节，然后不断地评估某一环境或者某个个人是否值得他去信任。

3. 俨兮其若客

去别人家里做客或者到异国他乡，我们的自我意识通常会高于在自己家的安全范围之内的水平。在客居情况下，我们会保持很高的警觉度，时刻谨言慎行。道家哲学要求我们将自己视为在这个星球上短暂居留的客人，并以类似客居的敏感度和严肃度去为人处世。

4. 涣兮其若凌释

这里所谓的"涣兮"是一种谦卑的态度。谦卑的反面就是骄傲自大，后者是许多问题的根源。谦卑来自我们对自身局限性的理解和承认。承认我们知识水平有限，我们就能意识到自己还有很多东西要学，从而对于吸取生活的教训能够保持开放的态度。

谦和的处世态度还能化解他人的敌意。相反，自吹自擂只会招致周围人的憎恨和厌恶。真正卓越的人都能保持谦卑，他们之所以受人尊重是靠他们的成就，而不是靠炫耀和自夸。

5. 敦兮其若朴

"朴"是指未经雕琢的木材，老子用它来比喻人尚未受到污染的状态。老子的意思是要恢复我们的自然本性。换句话说，未经雕琢的木材代表我们在社会对我们做出人为塑造之前的状态。

6. 旷兮其若谷

这里的"谷"代表"阴"或者女性的开放性特征，它是我们二元性存在的特征之一。在我们所处的充满竞争的环境下，攻击性的男性品质得到推崇，其中包括更封闭和僵化的思维状态、更不愿意接受新的观念或做出调整。通过恢复我们存在中阴阳的和谐均衡，我们就能提高思维灵活度，在恰当的时候从封闭思维的进攻性转向开放思维的顺从性。

7. 混兮其若浊

道家之人会调整自己的行为来适应周围环境。道家哲学并不鼓吹回到大自然中过一种原始部落的生活。一个人如果能够熟练地将道家哲学运用到生活中，那么他就能够在这个浊世中"出淤泥而不染"并获得满足。

孰能浊以静之徐清？孰能安以动之徐生？

这句经文向我们提出了一个问题：在一个充满荒诞和混乱的世界中，我们如何才能找到内心的安宁和平静？这个问题的答案是，遵循道家哲学的原则，去识别和找出那些带来困惑和不满的矛盾之处。通过冷静的分析，我们就能够对周遭事物有一个清晰的洞察。有了清晰的洞察，我们就能恰当地做出反应，去改变环境，从而让自己获得重生。

保此道者，不欲盈。夫唯不盈，故能蔽而新成。

"盈"就是骄傲自大。理解上面这句话的关键在"此道"二字。通常，在道家文献中，"道"这个词是不作限定的。这句经文中

用"此"来限定"道",提醒了我们一点,那就是我们只能看见"道"的一小部分。由于我们自身就是"道"的一部分,是其外在表现之一,因此我们永远不可能理解整个系统,如果谁这么想(试图理解整个系统),那就是"盈"。然而,通过认识到我们只能看见"道"的一部分外在表现("此道")这一点,我们就将探索限定在什么是可以被理解的,从而就不会被生活的艰辛搞得精疲力竭("蔽")。

道家圣人的7个特征对于遵守道家哲学原则的高明交易者而言同样是适用的。

1. 豫兮若冬涉川

当交易者完全掌握了技术层面的知识,并达到高水平的自我控制之后,交易就变成了家常便饭。这是一种交易者梦寐以求的境界,可以时时刻刻保持镇定自若。然而凡事都有两面。当交易变成例行公事,交易者就会丧失警惕性,一种方法给他带来了成功,他就会过度地依赖事物的不变性,认为一切照旧。与此同时,市场很少会在很长一段时间内保持不变。微妙的变化慢慢累积,逐渐为重大变化做准备,无论这一重大变化是否为突变。如果变化以一种突然的、剧烈的方式发生,交易者可能猝不及防、出现大规模亏损。如果变化是缓慢、渐进发生的,并不是由某一个事件导致的突变,那么它的危险性可能更大,因为交易者可能眼看着浮盈慢慢被吞噬而没有出现警告信号,同时也没有明确的成例告诉他应该如何改变他的应对方式。还有更糟糕的情况,那就是当浮盈刚开始下降的时候交易者可能毫不为意,因为这个初步阶段通常看起来只是正常的回撤。因此,很大一部分浮盈可能就这

样不知不觉地消失了。

一个"道论交易者"知道，事物不会长期保持不变。尽管交易变成了家常便饭，他仍然时刻警惕可能出现的变化，对那些微妙的变化保持敏感，关注压力不断上升是否会打破均衡。窄幅盘整的趋势最终会朝一个方向剧烈运动，布林带的收窄意味着接下来波动率会上升，稳定的趋势往往伴随突然的回撤，一个让人非常舒服的价格形态突然失去了作用——这些都是令人舒适的均衡突然被打破的情形。

一个经验老到的交易者对这些变化早有准备，而他们闪电般的应对速度往往让那些新手叹为观止，以为他们是先知先觉。

2. 犹兮若畏四邻

真正了解市场的交易者绝不会将市场看成一片平静的水域，以为它值得信任、值得依赖。相反，在似乎平静的水面下，其实一直暗潮汹涌。市场不是一个与邻居交换礼物、互相敬茶的地方，其中各种相互冲突的利益一直处于连环撞击之中，突然的变化随时都可能发生，而且往往是以你最意想不到的方式。

所有陈述都是有某种目的的，所有报告都带着作者的利益诉求，所有声明都必须通过市场走势的验证。成熟的交易者绝对不会听什么就是什么，而是要首先搞清楚市场是否真的像某条信息所说的那样做出反应。他不会想当然地假设信息是完整的、正确的和可信的。当听到某个市场评论家给出的交易建议时，他会首先通过观察来评估他的技能和知识水平以及他的诚实度。只有通过对比他过去的预测与市场走势的吻合度，证实他确实有一定水平之后，交易者才会根据这样的建议进行交易。

有时候人们会建议交易新手只关注一只股票并熟悉它的股

性。这种方法的问题在于，它很容易让交易者感觉自己似乎与某只股票建立了密切的联系。他会开始信任这只股票，希望它能"帮他一把"。与此同时，他通过观察了解的所谓"股性"并不是一成不变的，有时候市场事件会影响一只股票的运行方式。如果交易者能够时刻保持警惕和怀疑，这原本也构不成什么问题。然而如果交易者只关注一只股票，那么他就很可能对这只股票建立起"信任"，从而疏于防范。类似的问题同样可能发生在只交易单一的板块或者单一的价格形态上。因此，适度的多元化更容易让交易者保持客观、不受情绪干扰。

3. 俨兮其若客

一般情况下，交易者在市场中只需要保持适度的警惕，但在面临非常规环境时，就必须把警惕性提升至更高水平。比如财报季就代表这样的非常规环境，还有，"三巫聚首日"往往会带来一些异常的影响因素①，此外刚刚首次公开募股(IPO)的股票也比已经有较长交易历史的股票更难操作。在所有这些情况下，交易者都应该降低预期，把严格控制风险放在第一位，并相应地降低仓位。

还有一种情况，当交易者刚刚接触一种新的交易工具时（比如外汇、期货、期权等），也必须将自己视为客人，慎之又慎。交易者应该先在纸上模拟交易，熟悉新的交易工具，不要一上来就拿真金白银去冒无谓的风险。同样，对于一种新的走势形态或交易策略，我们也应该先在纸上或者交易软件上做模拟交易以进行测试。

此外，新的监管规则对市场的影响往往比表面看起来更加深

---

① 译者注：triple witching day，"三巫聚首日"，是指美国股市中股指期货、股指期权和个股期权同时到期的交易日。

远，因为它们会改变众多市场参与者的动机和权限范围。网络折扣券商的出现使得大批居家的交易者成为积极的市场参与者，改变了整个行业的生态。"直接准入"券商的出现则让散户拥有了功能强大的武器，而不久之前这还是华尔街机构专业交易员所独享的①。为日内交易者设定的"25K 法则"改变了散户交易者的构成和数量②。做空规则的一些变化，比如"报升规则"的废除扩大了交易者的自由度，同时也有其他一些改变限制了交易者的活动③。此外，指令传递过程的简化也使得那些以前精于此道的专业人士优势不再，让众多初级交易者都能够以很好的价格立即成交。诸如此类的变化对整个交易行业产生了深刻而剧烈的影响，从而对我们的自我调整能力提出了更高的要求。要想调整自己以适应变化，我们就需要有一个开放的心态、对变化保持敏感，同时以谨慎试探的态度去对待新的环境。

4. 涣兮其若凌释

谦卑是交易者最重要的品质之一。这是交易者在面对意外行情时的第一道同时也是最有效的防线。保持谦卑，牢记市场永远比他更强大，这样交易者就不会无谓地试图去跟市场比谁更聪明、比谁更能坚持。人有时候容易陷入"我是对的，市场最后必定会意识到这一点"这样的自大狂心态，而谦卑就是这种心态的克星。交易者知道，市场制造意外的能力远远高出他的预测能力，因此

---

① 译者注：direct access broker，直接准入券商，是指允许用户直接将交易单下给特定的电子交流网络（ECN）、做市商和交易所的专业化券商。这种券商提供高端的交易平台来优化速度、准入和指令执行。

② 译者注：25K rule，25K 法则，是指对于通过保证金账户在 5 个交易日内执行 3 笔以上日内交易的交易者，账户最低限额必须达到 2.5 万美元。

③ 译者注：uptick rule，报升规则，是指只能通过向上报价来做空一只股票，即空单报价必须高于股票最后成交价，或者当股票最近的两个成交价为上升的情况下，空单报价至少等于最后的成交价。

他必须时刻保持谨慎。他知道他不可能彻底搞懂市场，所以他时刻准备接受无法预测的事件出现。他绝不会让自己变得懈怠，忘记了市场固有的风险。

一个"道论交易者"不会试图预测趋势反转。他知道这种做法其实相当于试图与市场搏斗。他还知道，捕捉精确的反转点并不能给他带来任何东西，除了带来吹嘘的资本，而这并不是他感兴趣的。逻辑一致的、安全的交易并不是靠频繁地猜顶测底，而是靠聆听市场语言和跟随市场趋势。顽固地去捕捉精确的反转点就是自认为比市场更加聪明，相反，跟随趋势直到它发生改变的做法则是承认市场才是高高在上的。一个"道论交易者"的哲学：让市场告诉你要发生什么，这叫作谦卑；自认为比市场懂得更多，这叫作傲慢。

一个谦卑的交易者在尝试一种新的方法时，并不介意先通过模拟交易测试一下。同样，他也不介意用比较小的头寸去交易。相比之下，一个傲慢的交易者认为用较小的头寸去交易是一种耻辱，哪怕市场环境已经不利于承担过高的风险。

5. 敦兮其若朴

许多市场形态和特征都是自然而然的、凭直观可以感受到的，前提是我们不能抱着先入为主的看法，同时不要受那些市场评论家观点影响。比如抛物线上涨和投降式抛售（即伴随大量的剧烈运动）的概念定义了趋势的结束和即将到来的反转①。从直觉来讲，我们很容易对这种类型的走势感到不信任，认为它们涨跌"过远、过快"。这与我们平时认为强力快速的运动往往不可持续的

---

① 译者注：这里"抛物线上涨"对应的英文原文是 euphoria。但 euphoria 直译为欣快，未能体现上涨趋势末端强力爆发的特征，所以我们改译为"抛物线上涨"。

观念是一致的。然而正是在快速上涨趋势中，我们往往受到各种评级调升信息的轰炸，它们诱惑我们不断地追加投资、设定越来越高的目标。举例来说，在2000年科技泡沫的最后阶段，专家不停地预测市场还将创出新高，尽管市场几个月前就已经见顶了。同样，2009年3月，各种末日言论不断涌现，劝说人们"珍爱生命、远离股市"，而事实上，经过金融危机的暴跌之后，市场正在启动大规模上涨。哪怕在牛市启动一年之后，还有人在继续呼吁远离股市，甚至去做空它。

如果我们能够将外部强加给我们的各种错误观念和观点层层剥离，倾听我们内在的声音，就会发现很多问题的答案其实市场早就已经告诉我们了。这些答案凭我们的直觉就能领会，答案原本就出自我们的自然反应，只不过由于外在一层层的"壳"蒙蔽了我们的本能，让我们无法成为真正的自己。

6. 旷兮其若谷

在"俨兮其若客"那一段我们已经讨论过，开放的头脑是我们调整自己以适应变化所必需的品质。在我们提到的所有例子中，交易者必须保持头脑灵活，愿意接受新的想法，否则不出几个月甚至几周就可能被市场淘汰。这里说的开放性思维、愿意接受改变、调整自己以适应新环境其实是一种综合性品质，涵括了我们之前提到的谦卑、维持自己的自然状态、尊重周围环境等个性特征。

在《道德经》第七十六章，老子说："人之生也柔弱，其死也坚强。草木之生也柔脆，其死也枯槁。故坚强者死之徒，柔弱者生之徒。"

7. 混兮其若浊

一个"道论交易者"接受市场本来的样子，不会对市场感到愤怒，不会被市场搞得垂头丧气，也不会因为它而兴高采烈。他从来不会认为市场是错误的或者故意与谁为敌的。他不会抱怨市场无从着手交易或者不合逻辑。如果产生了这种感觉，他就意识到是他自己与市场脱节了。市场从来既不是合逻辑的也不是不合逻辑的，既不是正确的也不是错误的，既不是好的也不是坏的——它就是如其所是的样子。对于一个"道论交易者"而言，市场就是他生存的自然环境，而他是其中一个自然的组成部分。他自然而然地与之浑然共处，自由自在又小心谨慎，态度冷淡又保持敬畏。只有与市场融为一体，他才能理解市场，听到市场发出的信息，并与之保持同步。

Chapter 14

知常：把握市场周期

【《道德经》原文】

致虚极，守静笃。万物并作，吾以观复。夫物芸芸，各复归其根。归根曰静，静曰复命。复命曰常，知常曰明。不知常，妄作凶。知常容，容乃公，公乃全，全乃天，天乃道，道乃久，没身不殆。

【白话文今译】

"致虚"和"守静"的工夫做到极笃的境地。万物蓬勃生长，我从其中看出循环往复的道理。万物纷纷纭纭，各自回到它的本根。返回本根叫作"静"，静叫作"复命"。"复命"叫作"常"，体认"常"叫作"明"。如果不能体认"常"，就会胡乱作为并招致祸端。能体认"常"则胸怀宽广，胸怀宽广则廓然大公，廓然大公则能为天下之主，能为天下之主则与天同，能与天同则合于"道"，合于"道"则能长久，终身可免于危殆。①

---

① 译者注：本章两个"王"字陈鼓应引劳健之说，认为应是"全"字之误，理据充分，可从。"全"意为周遍，"公乃全、全乃天"解释起来的确比"公乃王、王乃天"更为合理。不过正如我们之前所言，由于林语堂英译依据的是通行本，所以从本书一致性的角度考虑，我们并未对通行本文字做任何修改。不过上述情况应该让读者知晓。

【大师解读】

所有现象都有一个共同的来源——"道"。"道"的外在表现可以被观察到,也可以被理解,道家哲学正是以这些外在表现为基础建立的。本章引入了"气"的概念。"气"是一种能量或者生命力,将所有精神的、物质的和超自然的外在表现全部统一了起来。

"气"散布在所有有生命之物中。不像血液在血管中流动,"气"在我们人体内是通过经络流动的。就我们个人而言,凡是有益于身体和精神健康的东西都能提升我们的"气",前者包括饮食、锻炼,后者包括思想健康、没有困惑和压力等。

根据道家理论,我们出生之时就带着先天之"气"。它是我们从所有祖先那里获得的知识和经验。然后我们的智力将从生活经验中获得的知识化为后天之"气"。我们的学习能力决定了我们能否通过生活的测试或考验。①

致虚极,守静笃。

"致虚极"就是要求我们遵循不干预亦即"无为"的原则。这是道家哲学的核心原则之一,认为人应该顺应事物的自然状态,不要试图去改变它们。下面这句经文讲的是不要去干预所有现象中存在的自然轮回或周期:

万物并作,吾以观复。夫物芸芸,各复归其根。

万物都遵循不可避免的盛衰周期,"作"最终归于"复"。

---

① 译者注:上述三段话怀疑是本书作者在援引亚历克斯·阿纳托尔书中内容时弄错了,把别章的解说附到这里来了,因为本章并没有谈到"气"的问题。《道德经》提到"气"有三处,一是第十章"专气致柔",二是第四十二章"冲气以为和",三是第五十五章"心使气曰强"。

人如此，动植物如此，日月星辰亦然。一个完美的例子：三文鱼历经千辛万苦回到自己的出生之地，产出下一代，并在这里死去。老子建议我们去"观复"，而不要干预它们的自然衰落过程。

归根曰静。

这里的"静"指的是一种平静安详的状态。当我们回到自己的根源之后，就会达到这种状态。

静曰复命。

这里的"复命"、回归命运听起来好像有些自相矛盾，因为命运是属于未来的。然而，道家哲学的时间概念与我们传统的钟表、日历的时间概念不同，传统的时间概念是从一刻到下一刻、从一天到下一天，永远是向前的，然而对于一个道家之人而言，时间并不是线性的，而是螺旋或漩涡状的。就像"道"的所有其他自然表现一样，时间也是循环往复的。这一概念对于理解转世投胎、获得纠正前世所犯错误的机会的思想非常关键①。

复命曰常。

这里的"常"就是那个"大一"，即"道"所有外在表现的集合体。遵循"道"的原则并回归自然法则，而非我们社会人为的法则，那么我们个人就能避免陷入困惑并开启通向内心满足之路。

---

① 译者注：这里混入了佛教轮回、消业的概念，以老庄为代表的道家并没有轮回转世的观念，只有在印度佛教传入之后，后世道教典籍才确有吸收佛教轮回观念的情况，比如《古灵宝经》。

知常曰明。

"明"就是确信"道"是天下万物的法则,尽管作为有限的存在物,我们无法完全认知它。这种确信需要付出极大的努力才能获得,因为"道"是一个无边无际的系统,而我们只能看到其中很小的一部分在发生作用,有时候对于我们而言,这个系统看起来似乎是混乱的、随机的。然而,尽管有时候似乎是混乱随机的,宇宙却在继续运转,因此我们必须接受这一事实:我们的能力不足以理解"道"的运行机制。

不知常,妄作凶。

人们所犯的最大错误之一,就是拒绝承认我们的认知能力存在局限、无法认识"道"的全部。不能接受这一点,人们就会试图构造一种逻辑化的系统,从而获得一种安全感,但这么做却是以牺牲现实为代价的。傲慢地试图让世界来迎合自己的理念,依据与事实相悖的信念采取行动,这就是"妄作",必定导致"凶"的结果。

知常容,容乃公,公乃王,王乃天,天乃道,道乃久,殁身不殆。

明白我们无法超越自己的命运去改变事物,我们就能"知常"。这种中立和超然的态度使得我们与大自然也就是"天"和谐一致。进而让我们避免不必要的干预,与"道"相适应并避免陷入危险,也就是"不殆"。

致虚极,守静笃。

这句话要求我们不干预,这一建议对于一般散户而言似乎有点牛头不对马嘴，因为散户对市场的影响几乎可以忽略不计。但实际上，这是我们应该接受的最重要的观念之一。如果我们把干预理解成试图与市场力量和周期对抗，那么不干预理念的精义就呼之欲出了。这里的"虚"并不意味着什么都不做，而是说应该让事物按照其自然轨道运行，我们应该跟随这一轨道而不是试图与之抗争。在强劲趋势中去逆势交易就属于这种错误，趋势已经走完却停留其中不肯出来也是如此。理解市场的周期和形态（"常"），交易者就能知道应该跟随哪一条轨道而不加干预。这里的轨道就是市场阻力最小的方向。

> *万物并作，吾以观复。夫物芸芸，各复归其根。*

与世间万物一样，市场同样遵循永恒的盛衰周期。如果我们能够将市场看成"道"的外在表现、将行情看成人们行为的副产品，那么上述观念就是非常自然的了。大的宏观趋势需要数年甚至数十年才能形成，小的微观趋势则发生在数周、数日甚至几分钟的级别上。周期无论大小，它们都遵循同样的法则和模式，那就是"作"然后"复归其根"。通过观察当前市场事件的发生过程和分析历史事件，具有洞察力的交易者就能提前发现重复性的周期模式。

趋势刚开始启动时通常是缓慢的、似乎不情愿的，很容易被人忽略。在这个时点上，极少参与者能够意识到趋势正在启动并参与进来。无论就板块还是个股而言，在这个阶段往往没有利好消息，甚至什么消息也没有，因此这种行情非常难以识别。于是，这种行情会以非常安静的状态持续运行一段时间，其中只有极少数参与者会加入进来。行情周期下一个阶段的特征是"趋势发现"，越来越多的市场参与者开始注意到有什么情况在发生。他们参与

进来，虽然仓位不高，但持续不断加码。他们的行为变成了一种近乎自我实现的预言，吸引越来越多的关注和越来越多的参与者。此时不但价格和成交量引人注目，媒体也加入进来，对一些事件大肆渲染，发布各种新闻、采访和观点。最后，市场上涨变成一种"常识"，所有人都想上车，市场上买单泛滥，随着最后的骑墙派蜂拥而入，价格放量飙升。此时各种利好消息铺天盖地而来，形形色色的评论家鼓吹更大的趋势还在后面，而那些在趋势最初安静阶段入场的买家则不断地减仓，将筹码抛给争先恐后的后来者。当最后一批上车的人都买到了他们想要的股票，不再有新的买家入场，市场除了下跌已经无路可去，于是趋势动能耗尽，反转时刻来临。

归根曰静，静曰复命，复命曰常。

通过上面的描述大家可以注意到，行情的开始就已经为将来的结束奠定了基础。第一批买家在开始时是行情的发动者，加上相对较早加入的第二批买家，最后都注定要成为卖家以及有力的行情终结者。今天的买家将成为明天的卖家，这个简单的道理来自所有头寸最终都会在某个时点被平仓这一事实。明白了这一简单得几乎令人难以置信的概念，交易者在判断市场方向时就不会再依赖市场上的各种消息和噪音，而是通过判断潜在买家和卖家的势力均衡。现有的多头都是潜在的空头，当他们的数量多于潜在多头，船就会翻，方向就会变，这就是"复命"。用交易术语来讲，这种情形叫作"拥挤交易"（overcrowded trade）。

如果我们对这一理念做进一步推演，当多头卖出他们手中的多头头寸之后，资金将获得释放，于是他们又重新成为潜在买家，也就是"归根"。换句话说，现在他们已经准备好重新去发动一

个新的周期，可能是去别的板块或个股，可能是在同一板块（如果当前周期已经结束的话），也可能是整个大盘。

"拥挤交易"的逻辑显然也适用于做空的情况。如果现有的空头头寸过高，在某个时点就会造成失衡。由于他们最终肯定需要平仓（"归根"），而做空平仓就是买入回补，因此他们都是潜在的买家。当他们离场的时候，就会给市场带来买入压力，有时候会造成剧烈的反弹行情，我们称之为"轧空"（short squeeze）。因此，很多交易者关注持仓数据并试图从中找到潜在的失衡，这么做并不是没有根据的。

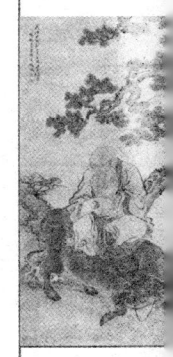

知常曰明。不知常，妄作凶。

理解了市场周期，学会如何识别它、分辨它处于哪一阶段，交易者就能够站在自然力量的一边——在趋势初步阶段建仓，在趋势末端套现。现在，我们想象一个不能把握主导市场的自然法则的交易者。他有可能彻底忽略趋势的第一阶段，因为此时媒体集体沉默，使得他对这些微妙的价格变化不以为意。他还可能在趋势的第二阶段试图去做空，仅仅因为在他看来，没有消息和利好支撑的上涨是"没有道理的"。这种做法事实上构成了对自然市场模式的"干预"。最后，在第三阶段也就是趋势的末端，他很可能变成买家，同样，也是由于他认为既然媒体对市场的报道全部都是正面的，因此此时入场具有合理性。由此我们看到，交易者如果缺乏对市场运行模式的理解，就会陷入困惑，将注意力放在错误的地方，最终导致建立与最小阻力方向相反的头寸，此即"妄作凶"。

另一种常见的错误行为是不舍得平仓。我们可以想象一个交易者，他可能运气好，刚好在一个很好的时机建立了多头头寸，

比如上涨趋势的第一阶段或第二阶段。然而由于缺乏对周期模式的理解，当市场进入抛物线上涨阶段，他不肯卖出。毕竟，现在利好满天飞，所有专家都在鼓励买入。结果这位交易者错过了最佳的出场时机。当价格回落的时候，他就更不愿意卖了，而是期待市场再次回升。直到某个时点，他的浮盈降到极低的水平，锁定不锁定都没有什么意义了，于是最后浮盈变成了亏损。在所有牛市中都会有那么一批交易者和投资者，只是经历了一场"纸上富贵"，永远不平仓，结果最后利润全部回吐。

> 知常容，容乃公，公乃王，王乃天，天乃道，道乃久，殁身不殆。

与其他自然现象类比，非常有助于我们理解上面所说的市场周期。市场周期与一朵花的生命过程并没有什么不同。冬天的沉寂之后是春天的发芽——这是一个悄无声息的、不引人注意的阶段，除非你有意去观察它。下一个阶段是花骨朵开始打开，最后花朵彻底绽放——这一阶段吸引了人们最多的目光，代表一朵花的全盛期。当然，这也是一朵花生命周期的尾声，就像能量的全部爆发和吸引最高程度的关注预示牛市结束一样。我们一天的周期也是如此，从夜晚的黑暗到清晨第一缕曙光，再到上午的温暖和中午的艳阳高照，最后回到夜晚的冷冷清清。月相、潮汐、文明和文化的盛衰，一切事物，作为"道"的外在表现，都要遵循永恒的盛衰消长法则。明白这一点就可以让我们脚踏实地、不脱离现实。就市场而言，这样的类比可以帮助我们理解市场波动原本是自然而然的，同时保持警觉去识别那些不同阶段的信号。

这样的类比还可以帮助我们避免给不同阶段贴上情绪标签。

所有阶段都是自然过程的一部分,无所谓好与坏。一个"道论交易者"不会将任何市场参与者或者力量看成恶意的或者友好的。他知道,他们全都是追求自身利益的市场参与者,而他的任务就是对他们的行为进行解码,而不是去做道德评判,因为这对解读市场走势没有任何意义。这样的理解可以帮助他保持心态平衡和独立客观,从而做出理性的、深思熟虑的行为。

14 知常:把握市场周期

Chapter 15

大道废：走向内心的澄明

【《道德经》原文】

　　大道废，有仁义；智慧出，有大伪；六亲不和，有孝慈；国家昏乱，有忠臣。

【白话文今译】

　　大道废弃，才提倡仁义；智巧出现，才产生欺诈；父子兄弟夫妇不和睦，才显出孝和慈；国家昏乱，才会显出谁是忠臣。

【大师解读】

　　本章描述了人为的社会价值如何导致我们远离真正的自我利益、自然本能以及内心的满足。同时，它还讲述了社会组织的力量强行将我们捆绑在社会这个矛盾体中的现象。

大道废。

　　"大道废"指的是我们丧失了自然本能，然而它并不像有些人解读的那样，意味着道家哲学希望回到田园牧歌的乌托邦，彻

底否定现代文明。相反,道家哲学旨在帮助人们从现实生活中获得最大的满足。老子提到"美好的旧日时光",抱怨"大道废",想要表达的意思是,这一堕落是人类处境的一部分。我们的推理能力和自我调整能力是一把双刃剑。我们融入社会中并与后者施加于我们的价值观进行交互,正是在这一过程中,我们逐渐丧失了自然本能。因此,"大道废"并不是某个一次性的灾难事件,而是随着社会价值观侵入我们的头脑所发生的永恒过程,同时,随着我们走向内心的澄明,这一过程将发生逆转。

我们有一种重要的本能,却由于我们自愿疏离而丧失了它,那就是活在当下的能力。"活在当下"听起来很容易,但要在生活中时时刻刻做到"活在当下"是非常困难的。你可以尝试闭上眼睛,专注于某一个画面某一分钟,摈除所有闲思杂虑,你就会发现,要控制我们的头脑不去胡思乱想是一件多么难的事情。

过一种自然状态的生活意味着我们必须更深入地安于当下,因为精神的集中是其必要条件。道家哲学可以帮助我们分析价值的优先秩序和周围的世界,看看哪些外部价值在影响我们的个人观念,从而帮助我们区分什么是真正的行为动力、什么是社会强加给我们的外在动力。

有仁义。

老子所说的"仁义"是指法律、习俗、社会传统中所体现的价值体系。我们被教导,只有按照这些规则行事才能获得"成功"(社会所定义的"成功"),而不管它们是否能给我们带来真正的快乐。因此,社会组织和周围人的压力迫使个人去遵循社会价值体系,将对自身的部分控制权让渡给那些社会治理机构。

智慧出，有大伪。

"智慧"指的是宣传机构向我们灌输的社会价值体系。这些价值体系是基于整个社会的需要而设计的。在人类历史上，伪善在社会工程（social engineering）中是非常普遍的现象。很多人表面上假装自己是社会道德原则的卫道士，结果却陷入贪污腐败，违背了自己倡导的那些原则。在所有时代、所有社会，这一现象都是经常发生的，比如很多领导人和牧师劝别人去做出牺牲，结果他们自己却只顾一己私利。伪善不单单存在于个人层面，还可能更大规模地存在于整个社会阶层。这些阶层向个人发出的信息是，它们是为每个个体服务的，但前提是后者能够遵循它们所倡导的行为模式。

在前面的章节中，我们谈到投资领域较高层级群体[①]对普通交易者和投资者的洗脑，并分析了这一做法的目的和机制。本章将再次涉及这个话题。此外，我们还可从本章推出其他一些对交易者有用的观念。

大道废

脱离自然的心理状态，不断远离正确的思维方式，这在交易者中是非常普遍的现象。由于从小就被灌输了各种原则，在整个受教育过程中又接受了各种所谓"公理"的狂轰滥炸，因此即便是成功的交易者，有时候也会旧病复发，放弃让他们获得交易成功的理想方法。在前面《功成身退》篇我们曾经描述了许多交易者遭遇此类情境的问题。我们必须明白，作为"道"的外在表现

---

① 译者注：主要指投资机构。

之一，我们自身也受到"道"的法则和模式的制约，而有时候会丧失自然的心理状态（"大道废"）就是其中之一。要想在我们的思维方式偏离最优状态时能够立即察觉，我们就需要做到极度的谦卑和保持静观。

交易者必须意识到，能够给我们带来交易成功的思维方式并不是我们成长过程中被塑造起来的，而是恰恰相反：

- 我们从小被教育要融入社群，像其他人那样去待人接物，然而事实上，要交易成功我们需要完全不受大众心理的影响，甚至当他们以自我毁灭的方式去交易时，我们应该将他们当成反向指标；
- 我们被告知不要自己去市场中择时，而是将钱交给那些"懂得更多的专业人士"去打理，然而这些所谓的"专业人士"的业绩表明，在市场危机当中，他们的择时能力与你一样差，甚至更差；
- 我们被告知应该用一辈子"定投"的方式去投资，不必担心市场的"短期波动"，然而这些波动显然能够摧毁一个人退休后安享晚年的机会，尤其当它们发生在我们即将或已经退休之后！比如，那些在1929年之前投资股市的人直到1954年底才回本。
- 我们很容易受到投行、券商对某些公司评级调升和调降的影响，然而统计数据显示这些报告发出的时机远非最佳的，很多情况下恰恰是害人的。我们可以想想2008年贝尔斯登、雷曼兄弟破产之前那些推荐我们买入的报告。（在这个问题上，更具讽刺意味的是，贝尔斯登本身就是一家投行，而且在《财富》杂志2005—2007年"美国最受尊敬公司"的评选中被评为"最受尊敬的券商"。

此外，雷曼兄弟成立于1850年，贝尔斯登成立于1923年，它们以及众多其他公司的发展史，岂不正完美地向我们诠释了一些伟大的公司遵循"大道废"的模式而走向衰落吗？）

● 我们从小接受的教育是，要相信社会会照顾我们、保护我们。然而在市场中，抱着这样的信念无异于自取灭亡。市场中没有所谓的"安全网"①，没有东西能够阻止我们的错误行为带来自我毁灭的结果。

● 我们被告知，只要还没有锁定的浮亏就不是亏损。然而事实上，如果在亏损很小的情况下不止损，我们可用的资本金就会大幅缩水，从而严重限制我们的行动能力，同时还会严重影响我们的心态——而心态一旦被破坏，最可能的结果是，在任何合理的时间内它都无法自我修复。

读完我们上面列出的几条，你就能清晰地看到，这些规则或道理到底是为了谁的利益而设计的。其中大部分的潜台词是"把钱交给我吧！我会照顾你的"或者"请相信我们的推荐！我们更清楚你需要做什么"等等。明白这一点，对于我们开始在市场中走出一条自己的路非常重要。同样非常重要的一点是，由于我们无法避开各种铺天盖地的宣传推广以及各种形式的信息，我们必须想尽办法让自己保持独立思考、保持批判精神，这才是正确的思维方式。宣传和忽悠也会变换花样，变得越来越高级，采取新的方式或新的外表，因此上当受骗的危险永远不会消失。"大道废"永远在某个角落里潜伏着。

忽悠的方式多种多样，但归根到底就是一句话：劝你不要自

---

① 译者注：在社会中，社会保障体系就属于一种"安全网"。

己去交易。比如"我们的交易系统可以确保你获利,而你什么都不需要做""我们开发的神奇指标可以确保你获得交易成功",或者"限时订阅我们的牛股推荐"等等。

考虑到我们都有接受投资培训的需要,那么作为一个信奉道家哲学原则的交易者,如何判断谁是真正值得你投入时间和金钱的导师呢?我们可以依据前几章提到的古老的道家哲学原则:一个真正的导师应该能够将他的理论运用到他自己的交易实践并在市场中获得成功。如果一个人能够给出易于验证的关于他交易能力和稳定获利的证据,那么他就值得你去信任。

再回到交易者思维脱离最优状态的问题,我们需要解决一个更为重要的问题:如何才能尽早意识到这种偏离并防止它造成大规模亏损呢?

首先,我们必须承认,它并不容易被我们提早发现。我们并没有足够的经验来察觉早期迹象,"战争迷雾"会蒙蔽我们的判断力。因此我们需要有一套完整的程序来洞察我们自己头脑的运行机制。这一程序的第一步就是在问题出现时意识到它。我们所犯的错误经常会重复。经过一段时间之后,我们会清晰地发现,某一种市场环境会重复地激发我们做出某种反应,导致我们一再地落入同一陷阱。一个例子是,我们可能尝试在下跌行情的每一次暂停过程中买入(或者在上涨行情的每一次暂停过程中做空),徒劳地试图精确抓住那个拐点。另一种反复出现的错误是,在连续两三笔交易失利之后,我们会陷入过度交易,希望借此来收复失地。还有不愿设置小的止损、浮亏加仓等等,这些都是很多交易者难以破除的不良习惯。即便大部分交易者意识到了这些习惯的破坏性,错误依然会重复。

对于这种定期出现的旧疾复发,我们也不必感到绝望,须记

住一点：随着经验的累积，交易者发病的频率将会下降，克服它们将变得越来越容易。在某个时点，交易者将最终掌握及早发现它们的艺术，能够阻止它们继续恶化下去，以至于它们事实上不再成为一个问题。逐渐地，这一艺术将演变成一种例行公事般的自我控制，在特定的环境下将自动地发挥作用。不过，在它变成一种自然而然的行为之前，交易者仍须有目的、有意识地去进行自我控制。

安于当下是成功交易者最重要的品质之一。对于短线交易者来讲，专注于眼前的市场走势，不被那些遥远的、不相干的可能性以及信息分心，是非常有必要的。将注意力放在眼前发生的事情上，交易者就能够在一些重要信号出现时及早发现它们，而不是一味地等待那些未来有可能发生也可能不会发生的走势出现。他头脑里可能有某个入场或出场的目标位，但会根据行情演变而改变计划。走势永远是发生在此时此地的，因此当情况发生变化时，我们就要采取相应的行动。

不过，对于长线交易者来讲，所谓"当下"的定义又有所不同，因为他的反应并不是那么即时即刻的。然而，内在的原则是一样的——需要对信息进行过滤，将真实信号与宣传、忽悠的信息区分开来，从而让自己保持一种自然而然的心态。安于当下的头脑就像万里无云的天空一样，能够倾听最原始的市场语言，让简单与复杂神奇地交融。

在长线交易中，"安于当下"这一理念还有另一个应用。通常，交易者会对未来行情的展开方式提出一种模型，并依据它来制定行动计划。然而，行情的实际发展可能并不符合这一模型。在这种情况下，交易者最好的做法也只能是保持观望，而糟糕的做法则是过早地按照并未被市场确认的模型采取行动。

在最佳的情形下，在他的模型最终被市场验证之前，他将会错过很多其他行情。不但大量机会被错失，而且即便当他的设想终于成为现实，他也可能因为其模型长时间与实际走势脱节而感到不安，从而未必能够拥有完全的自信，也未必能够把握行情赋予的全部获利空间。

在最糟糕的情形下，交易者会试图提前抢跑，坚持认为自己的模型是对的、市场是错误的。很显然，这种做法将会受到严重惩罚，带来巨大亏损。

上述情况有两个极佳的例子，那就是 1998 年至 2000 年的科技泡沫行情和 2009 年 3 月份之后长达 13 个月的上涨行情[1]。在上述两个案例中，许多交易者都坚持认为市场上涨是不合理的。其中，那些有足够耐心等待反转信号的交易者，发现实际等待的时间远远超出想象。结果，他们错过了从大规模上涨行情中获利的机会。因此，如果他们能够"安于当下"，根据眼前实际发生的行情去交易，这样的机会应该能够被部分或全部抓住。另一方面，那些缺乏耐心、坚信自己的模型正确的交易者，在两轮牛市中都不断地尝试做空，结果被市场顽固的上涨行情所摧毁。

有仁义。

与我们日常生活一样，市场中同样存在社会结构和周围人群所带来的压力，而这些压力对个人同样是有害的。交易者从各种不同来源吸取大量信息和观点，不知不觉就成为那些市场评论家的追随者，而后者取向上的优先性并不一定与他相同。举例来说，一个交易者参与网络上的行情讨论之后，很容易就

---

[1] 译者注：这里说的 13 个月大概是截止到本书写作时，事实上美股 2009 年以来的大牛市一直持续到现在。

变成某种"普遍观点"的受害者。当一个群体一致同意市场将朝某个方向运行或者一致看好某只股票，它对个人产生的精神压力可想而知。我们会产生一种想要融入群体的愿望，而这种愿望是很诡异的，会迫使我们去认同大家的观点，从而将我们的部分控制权转交给别人。事实上，在面临这种压力时，我们很难保持思想的独立。然而我们需要记住一点，被普遍认可的观点几乎很难或根本不可能在市场中胜出。群体思考往往具有传染性，一个人信心十足、充满个人魅力的发言可以迅速引来一大批追随者，被大家视为权威，而无须拿出任何东西来证明他实际的水平。明智的交易者对于任何群体思考迹象的出现都保持警惕，对群体观点的前提提出质疑或者对群体的领导者提出质疑，他在准备接受之前必须确保群体提出的观点是逻辑严密的。如果经过两方面的质疑都无法轻易地发现"群体思考"的迹象，他将会等待讨论过程的进一步深入，从而评估其预判的精确性和审查群体的理解能力。

智慧出，有大伪。

这句话同样描述了社群与个人的交互模式，即社群压制个人、强迫个人成为群体一部分的现象。某些机构或所谓大师向交易者承诺，一旦采纳了他们提出的模型，他们将会对交易者给予关照。大致的意思是"采纳我们投资通讯所选的股票、我们操盘系统所发出的信号、我们专家给出的投资建议，我们将确保你获得成功"。毫无疑问，这种交互通常是虚伪的——操盘软件的设计者自己并不用它来操盘，投资通讯的作者会抢在订户之前提前建仓然后把股票抛给订户，出售观点的专家自己从来不去做他们所建议的交易。利用一些巧妙的伎俩，有时候甚至交易记录都可以造假。

15 大道废：走向内心的澄明

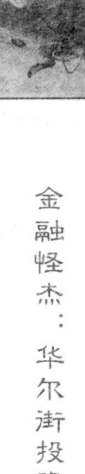

同样,明智的交易者会利用自己的常识去验证这些说法的有效性。由于对某种经过验证的交易方法有深入的理解,交易老手只需将某个"大师"或机构所提出的思路与他自己对交易的理解进行对比,就能评估他们的交易哲学是否靠谱。而对于交易新手来讲,在做决定之前则必须观察这些方法或观点的实际表现,哪怕它们听起来非常令人信服。

Chapter 16

独异：理解大众并保持超然

【《道德经》原文】

绝学无忧。唯之与阿，相去几何？美之与恶，相去若何？人之所畏，不可不畏。荒兮，其未央哉！众人熙熙，如享太牢，如春登台。我独泊兮，其未兆；沌沌兮，如婴儿之未孩；累累兮，若无所归。众人皆有余，而我独若遗。我愚人之心也哉！俗人昭昭，我独昏昏。俗人察察，我独闷闷。澹兮其若海，飂兮若无止。众人皆有以，而我独顽且鄙。我独异于人，而贵食母。

【白话文今译】

抛弃圣智礼法的学问，就没有忧虑。应诺与呵声，相差多少呢？美好与丑恶，相差多少呢？人们所畏惧的，也不必去触犯。精神开阔，就好像没有尽头一样！众人都兴高采烈，好像参加盛宴一样，好像春天登台远望一样。只有我淡泊宁静，不炫耀自己；混混沌沌，就好像还不知道嬉笑的婴儿；闲散慵懒，就好像无家可归一样。众人都好似有余，唯有我好似不足。我真是愚人的心

啊！世人都好似明察秋毫，唯我好似昏昏昧昧。世人都好似精明灵巧，唯我好似无知一般。沉静恬淡，好像深邃的大海；飘逸无系，好像没有止境。世人都好像有所作为，唯独我愚昧浅陋。我与别人不同，而以守道为贵。

【大师解读】

本章提出了社会目标与个人目标之间的冲突，提出了一个信奉道家哲学的人应该具备哪些特征，并谈到社群向个人所施加的压力。它还提醒我们，道家之人的特征在大众眼中是不合时宜、不受欢迎的。

绝学无忧。

这里的"学"指的是社会提出的、通过各种传播手段宣扬的知识和信念体系。"忧"来自人为的、矛盾冲突的价值体系所具有的腐蚀性特征。

美之与恶，相去若何？

不同时代、不同社会，"善"与"恶"的定义以及由之衍生的法律和习俗大不相同。既然在一个国家的整个历史当中，或者在任何一个时点的不同国家当中，法律可以随意地改变，这就足以说明大自然的法则与人为制定的规则有着天壤之别。正如我们之前所讨论的，遵循自然的法则和模式，我们将获得内心的满足；相反，遵循人为的价值观，将带来无尽的烦恼。

人之所畏，不可不畏。荒兮，其未央哉！

社会强迫人们做出合规的言行，对于违反者施以惩罚，使其陷入窘迫。通过植入恐惧，社会确保人们能够对其"言听计从"。然而，道家哲学对社会组织持保留意见还有另外一个原因。

正如我们在任何一个国家、任何历史时期所看到的，个人期望与现实之间的差异往往造成人们思想上的怀疑、困惑和焦虑。尽管如此，社会依然会持续不断地向人们灌输各种价值观，但凡有人去质疑这些价值观，就会陷入困境。社会一边宣称国家能够保证个人获得安全和舒适的生活，另一边却鼓励大家为了公共利益和社会价值体系去牺牲个人利益，可见其目的是要维护社会机构而非个人。由此我们得出一个非常重要的结论：既然社会奖励顺从者，那么它所制定的行为规范就不可能带来个人的满足。相反，社会组织的利益取向是为其自我生存服务的，对于个人的满足可能是有害的。

这正是老庄的担忧。然而，作为社会的一分子，他需要去找到享受生活的方式，而不是去与社会组织做无谓的斗争。因此，道家之人按照"天之道"（大自然的法则）去生活，同时尊重"人之道"（社会结构）。

众人熙熙，如享太牢，如春登台。

这里所谓的"熙熙""享太牢""春登台"是指对普通人具有吸引力的社会庆典活动。道家之人知道普通大众就喜欢这些人为的消遣，对此也只能听之任之。

我独泊兮，其未兆；沌沌兮，如婴儿之未孩。

这句话道出了道家之人相对孤独的生活方式，与普罗大众形成鲜明对照。道家哲学既然质疑传统价值和社会机构，因此信奉道家哲学的人对于这一结果必须早有心理准备。这里的"婴儿"

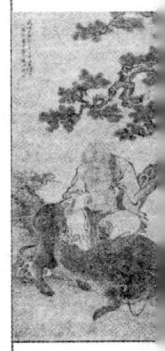

16 独异：理解大众并保持超然

指未受外部价值污染的状态。婴儿纯粹是一片天然，丝毫未受污染，不知道什么是好坏，也不知道嬉笑（"未孩"）。

累累兮，若无所归。

道家之人所信奉的价值观能够给他们带来满足，即便受到社会组织的反对，他们也无动于衷。因为他们所尊奉的绝对的原则，而不是随着时代和地域而千差万别的社会教条。

众人皆有余。

这句话的意思是，大多数人拥有充足的资源去享受生活，却依然贪念不断。然而，那些超出生活必需的财富积累，并不能买回流逝的时光和被浪费的机遇。

而我独若遗。我愚人之心也哉！沌沌兮！俗人昭昭，我独昏昏。俗人察察，我独闷闷。澹兮其若海，飂兮若无止。

一个信奉道家哲学的人与普通人追求不同。他以获得自我满足为目标，而不是大家所谓的成功，哪怕这让他看起来像个"愚人"。那些遵循大众价值观念的人自以为"昭昭""察察"，却没有意识到，其追求其实是空洞无谓的。道家之人表面看上去可能"昏昏""闷闷"，但生活对于他而言却像飂兮一样无止境，因为他的价值观与俗人有天壤之别。

众人皆有以，而我独顽似鄙。我独异于人，而贵食母。

这句话总结了本章的核心思想：道家之人"独异于人"。绝大部分人都有一个社会为他们定义的目标，并不加怀疑地去追求

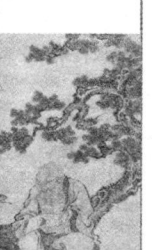

它。道家之人则不然，他们遵循永恒的法则，按照他们自己的步伐前行。

运用到交易中，我们可以说本章对比了市场机构与个人交易者在目标上的冲突，并指出一个"道论交易者"应该拥有什么样的品质。此外，它还向我们强调，一个成功的"道论交易者"的特征和观点可能会遭到许多人敌视。

绝学无忧。

如果对道家哲学原则做一个完美类比的话，这里的"学"可以指各种机构通过制造铺天盖地的市场噪音并通过各种交流手段加以宣传从而构造出的知识与信念体系。很多成功交易者都建议大家关掉电视，不要去阅读那些知名的市场评论或投资通讯，这一点并非巧合。屏蔽那些别有用心的观点，单纯关注市场走势，可以让交易者免于受到外部资源影响，确保对市场事件做出客观的解读。另一些成功交易者则以怀疑和嘲讽态度来看待这些信息来源，认为它们只有娱乐价值。不过还有第三类，也是最高明的一类成功交易者，他们会继续去了解这些信息，察觉消息散布者的真实意图，然后评估大众是否已经受其蛊惑，进而捕捉那个市场走势给那些盲目信从者挖好陷阱的时刻。不加批判地接受流行的观点不可避免地会带来"忧"的结果。

美之与恶，相去若何？

顽固和教条地给各种走势贴上"正确"与"错误"的标签，是我们应对市场时诸多错误做法的根源。这是一种简单的线性思维，相关例子可以说不胜枚举。比如，低水平的评论家和交易者

往往看到利空信息就觉得会跌，看到利好信息就觉得会涨。如若不然，他们就说市场"错"了或者被人操纵了。正如我们之前所说的，市场的一个重要特性是，它总是与"一目了然"的情况背道而驰，惩罚那些按照人尽皆知的信息去交易的人，奖励那些明白如此交易必将失败的人。简单的线性思维者显然无视这一市场特性，同时这一思维方式还会让人越陷越深，带来持续不断的愤怒，更重要的是，它会让交易者处于必败之地。一种思维方式如果造成人们对市场本性的憎恨，那么我们可以说，世界上再没有比它更有害的观念了。

这种思维方式还忽略了交易者必须关注的真正对象：市场走势。一个"道论交易者"知道，价格变化可以在没有实质消息的情况下发生，而且往往会变成一个自我强化的过程。一个最经典的案例就是 2010 年 5 月 6 日美股的"闪电崩盘"，当天盘中宝洁（Procter & Gamble）股价暴跌 50%，随后又在几分钟内几乎全部收复失地。尽管这一事件事后被认为是计算机故障导致的，但它对大盘盘中走势（道指一度下跌 990 多点）和其他众多股票造成了巨大影响。这一例子虽然极端，但实际上我们几乎每天都能遇到规模较小的类似事件，即价格变化并不是因为简单的消息影响，而是未知的和不可知的因素所致的，无法通过简单直接的逻辑来做出解释。

另一种十分常见的错误是，认为市场应该按照交易者自己的道德原则来运行。有些交易者将自己的是非善恶判断投射到市场中，并期待价格能够对之做出反映。很显然，市场中存在大量与道德关系很小甚至毫无关系的因素。我们可以列举一些典型的逻辑不通的市场观念：

- 做空烟草公司股票是因为抽烟是一种坏习惯；

- 做空石油股是因为它们污染环境、消耗不可再生资源;
- 做空枪支股是因为枪支是邪恶的;
- 买入替代能源股是因为它们生产清洁能源和利用可再生资源。

尽管上述做法有可能甚至往往能够获利,但这样的交易决定不应该依据道德的逻辑而得出。在大多数情况下,造成价格变化的原因多种多样,其中大部分与所谓的"善恶"无关。当然,如果一家公司所生产的产品与交易者的价值观相悖,交易者不愿投资它和支持它,这种做法是完全可以接受的。但这种做法与预期价格会按照你的道德观点来运行大不相同。

还有另一个更常见的将道德观点强加给市场的例子,那就是对待做空的态度。有时候做空被视为不爱国的行为,有些人说做空是有害的、不道德的,纯属"押注别人失败"。当然,实际上做空跟这些都毫无关系,只是基于我们之前(尤其是《知常》篇)讨论的自然形态而做出的行为。这种对待做空的错误态度还忽略了一个事实,那就是做空能够给价格走势带来均衡、缓和未来的下跌,因为每一个空头头寸的持有者都是未来的买家。我们必须明白这种仇视做空的态度从何而来。大多数个人交易者尤其是投资者更愿意做多,也更能理解做多行为。同时这也是资金管理行业宣扬"从长期来看市场永远上涨"所造成的影响。谁要是不遵从这种观念谁就会受人敌视,谁要是建立反面的头寸谁就被视为作恶,谁要是从给大多数人造成亏损的行情中获利就被视为敌人。无论历史上还是现代,这种态度都不乏其例。比如1930年杰西·利弗摩尔(Jesse Livermore)通过做空使股市崩盘而获利,从而受到了死亡威胁;比如2010年美国国会听证会表现出对"做空房地产市场"的痛恨。

16 独异:理解大众并保持超然

人之所畏，不可不畏。荒兮，其未央哉！

所有围绕市场的实体和组织都是受自身利益驱动的。他们的利益与个人交易者的利益并不一致。为了达到自身的目的，他们需要忠实的听众，而不是独立的思考者。这很好地解释了为何许多股票评级下调总是发生在股价大幅下跌之后、评级上调总是发生在股价大幅上涨之后。

在提供指导和服务之时，许多机构所发出的观点首先是为它自己的利益服务的。高明的交易者知道，他的个人成功决不能靠屈从于众所周知的观点。

众人熙熙，如享太牢，如春登台。

一个"道论交易者"还知道，他需要找到一种方式，既能遵从自己对市场的理解，又不需要与这些机构或组织对抗。与他们对抗是徒劳的，因为他们有非常庞大的、心怀感恩的听众，这些听众愿意接受他们的观点、愿意极力捍卫他们的偶像。这些人已经成了那些所谓的"大师"的拥趸，想要转变他们的思想是不可能的。因此一个高明的交易者也可能会发表他的观点，但他会将裁判权留给听众，接受也好，拒绝也好，都无所谓。

我独泊兮，其未兆；沌沌兮，如婴儿之未孩；累累兮，若无所归。

一个"道论交易者"知道，他的很多观点都与众不同，必将走在一条孤独的路上。对于这一点，他欣然接受，而且将其视为他站在正确一边的证明。相反，如果他发现他变得与那些讨论市场走势、预测行情的大众一样，他反而会感到担忧。因为他知道绝大多数人不可能是正确的,此时他会要求他自己停下来反省,重估立场。就像"婴儿"一样,他的头脑没有受到那些传统观念污染,他的反应与市场的自然法则保持一致。

> 众人皆有余,而我独若遗。我愚人之心也哉!俗人昭昭,我独昏昏。俗人察察,我独闷闷。澹兮其若海,飂兮若无止。众人皆有以,而我独顽似鄙。我独异于人,而贵食母。

高明的交易者一定会留意到一种有趣的现象:那些接受流行观点的人往往表现出极强的自信或者顽固地坚持自己是对的。反过来,真正有水平的交易老手更有可能表现得犹豫不决,对未来行情感到不确定并且公开承认这一点。正由于知道市场是不确定的,他不会不加思索就表现得好像胸有成竹一般。他知道,行情是以一种不可预测的方式展开的,只有接受这一点,他才能更好地应对意料之外行情的出现。一个"道论交易者"的计划和预判往往是实验性的,涉及各种不同的情况。他的观点里面会有很多"如果""但是"。他会就不同情境制定多种行动计划,而非把注全部押在一种情境之下。

正是在这一点上,我们前面讨论的诸多道家哲学理念可以融汇成一种整体的思维方式。下面我们尝试将它们整合起来:

一个"道论交易者"认识到,我们能够获得的信息和知识是有限的,因此必须接受市场的不确定性——这给他同时带来了谦卑和决断。谦卑让他获得安全——他通过严格的风险控制来使自己免遭不可预测的事件冲击。决断来自严格的交易纪律——知道风险控制措施已经给他带来保护,因此他就没有什么可犹豫的。听起来好像有点自相矛盾,但实际上,正是对自己预测市场能力

的不自信给了他行动中的自信。

一个"道论交易者"知道，对市场运行方向坚持某种观点可能激发"自我"的介入，当他错误时不肯认错，当他正确时则沾沾自喜。这两种情绪状态都会影响他的客观性，扭曲他的观察和判断，令其丧失作为冷静观察者的专注力。因此，他会跟踪市场指标，预先接受任何可能的结果，而不让自己被任何观点框限。通过这样的思维方式，他就能超越对与错，自由地跟随市场的律动。只有遇到熟悉的市场形态，而且已有现成的应对方法时，他才会采取行动。因此，他的交易行为有点像机器。他没有什么观点需要去捍卫，没有什么"自我"需要去保护，也没有什么情感投入需要去呵护。

采用这样的思路，就会使得他在任何关于市场行情的讨论中都显得非常古怪。周围人都在表达自己的观点，大家期望他也能够这么做，然而他说的话听起来却模棱两可，并没有给出什么预测。许多优秀的交易者在被问到未来走势时，都习惯说"不知道"，相比之下，那些靠嘴而不是靠交易谋生的市场评论家往往能够给出一大堆的预测。真正的交易者的预测通常会激怒别人，因为里面包含了太多条件和假设。

在交易之外，这种思维方式也能对我们的生活态度产生深远影响。事实上，这种态度能够彻底改变我们的人生，因为它要求我们用一种全新的视角来看待世界、事情、周围的人以及与他们的关系。学会交易就是一个学会改变自身的过程，而这种改变必将影响一个人对周遭世界的态度。这并不奇怪，因为这种思维方式的内涵非常丰富：一个交易者必须能够理解大众的感受和想法，同时他还能够保持超然的态度，不受大众情绪和一致想法影响。因此这种思维方式的效力怎么夸张都不为过。同样，如果我们思

考一下主导市场的法则，前述结论同样不奇怪。主导市场的法则与主导大自然、人类心理和整个世界的法则是一样的。一旦建立起这种关联，你就能让自己与市场和谐共处，让交易变得轻而易举、利润变得自然而然。与此同时，达到这种和谐之后，交易将成为你生活的自然组成部分，与生活其他部分都能保持均衡，而不会成为你唯一的追求，不成比例地占据你很大一部分时间。它不会让你感到不开心，相反，它能够让你保持心态平和，让你与自身以及周围的人都和谐共处。有人可能觉得这一点无关紧要，其实不然。很多人都感到让交易以和谐的方式融入自己的生活是一件很困难的事情。

16 独异：理解大众并保持超然

Chapter 17

不争：高明交易者的榜样

【《道德经》原文】

　　曲则全，枉则直，洼则盈，敝则新，少则得，多则惑。是以圣人抱一为天下式。不自见，故明；不自是，故彰；不自伐，故有功；不自矜，故长。夫唯不争，故天下莫能与之争。古之所谓"曲则全"者，岂虚言哉！诚全而归之。

【白话文今译】

　　委屈反而能保全，屈就反而能伸展，低洼反而能充盈，敝旧反而能生新，少取反而能多得，贪多反而会困惑。因此圣人坚守这一原则作为天下的范式。不自显于众，反而能显明；不自以为是，反而能彰显；不自我夸耀，反而能有功；不自我矜夸，反而能长久。正因为不与人争，所以天下没有人能与他争。古人所说的"委屈反而能保全"，怎么会是空话呢！这是实实在在能够达到的。

【大师解读】

本章说的是争论浪费我们的时间和精力，妨碍我们达到自己的目标。

曲则全

知道何时停下来（"曲"）是道家哲学的一个重要警告。"贪得无厌"会导致人们在无休止的欲求中与幸福擦肩而过。对于道家之人而言，知足就是福，而追求那些非必需之物则会带来争论和无谓的竞争。

枉则直

道家哲学的治理原则与大众所持的理念迥异。他们会表现出一副"屈服于"大众的姿态。道家之人知道，大众对于他背弃传统的生活方式容忍度非常低，而他漠不关心的态度很容易被人视为一种挑衅，因此他时刻小心谨慎，不轻易向身边那些头脑闭塞的人显露他的观点、价值观和信念。

由于社会组织如此庞大、无处不在，我们一定会时常与它打交道。试图改变它是徒劳的，将会消耗过多的精力。大自然也是一个庞大的结构，它教导我们要去适应而不是挑战它的威力。动物不会试图去改变残酷的丛林现实，相反，它们不断地调整自己去适应环境、对新情况做出反应。它们接受自己的局限，不会试图去扑灭森林大火或者与更大型的捕食者敌对。当危险来临，它们会毫不犹豫地逃离。我们也应该如此接受我们自己的弱点。

洼则盈

我们社会的价值体系是由一系列被认为值得追求的欲望以及

对幸福和成功的期望所构成的。然而对于部分人来说，这些欲望、幸福和成功要么是不可获得的，要么是不适合的。像所有人一样，道家之人同样承受社会的压力，但他们会试图摈除那些可望而不可即的欲求和期望。老子要求我们变得"洼"，也就是要摈除那些人为的价值，同时以"道"的价值来填补而变成"盈"。

敝则新

老子曾提醒大家要"不敢为天下先"，也就是警告大家不要试图标新立异、制造无谓的争端。当我们试图证明我们比别人更优秀，其结果通常是会招来仇恨与愤怒。人们的嫉妒心会让你成为攻击目标。老子在这里强调了无用（"敝"）之用，因为一个人一旦表现出对某事极为擅长，那么就会有人想要利用他的技能为这些人自己谋利。

少则得

与佛教一样，道家也认为欲望是人类痛苦的根源。我们之所以痛苦，是因为精神或物质的欲求无法获得满足。然而与佛教哲学的要求不同，道家之人并不寻求彻底断绝物质的、精神的和情感上的欲求。相反，他们尽力去认识自身的局限，去实现可以被实现的，摈弃无法被实现的。

多则惑

知足常乐，所谓足够，就是拥有能够让我们感到满足的手段，而避免落入"贪得无厌"的陷阱。后者正是一种鼓励我们去竞争的社会价值观，因为总会有人比我们拥有更多。

是以圣人抱一为天下式。

道家之人拥抱那个作为万物来源的道（也就是上面这句话中的"一"）。道家哲学中有一套治理原则，与大自然的运行法则是一致的。拥抱这些原则，圣人就成为庞大的自然体系的一个缩影，从而成为天下的楷模和范式。

不自见，故明；不自是，故彰；不自伐，故有功。

圣人很清楚，世人是依据另一套价值体系生活的，因此他会尽量避免与社会组织发生冲突。他对自己有充分的自信，不必让别人来认可他的价值观。谦逊的生活态度使得他不会陷入不必要的冲突。

不自矜，故长。

道家哲学认为，骄傲是一种有害的性格。骄傲使人与道相违，使得周围的人与之为敌，由傲生慢并惹怒他人。相反，一个信奉道家哲学的人会保持谦卑，克制自己的傲气。他认为自己没有权利评判别人的生活方式。"道"深不可测，我们哪怕穷尽一生之力也只能获得最基本的理解，因此有什么值得骄傲的呢？

夫唯不争，故天下莫能与之争。

由于道家之人恬淡自然、与世无争，所以他与四邻看起来并没有什么明显的不同。他只是专注于做他必须做的事情，对其他人则听之任之，不去干涉他们的生活方式。这并不意味着就不会有冲突，平静总是会被冲突打破。不过由于他保持不争的态度，所以"天下莫能与之争"。

古之所谓"曲则全"者，岂虚言哉！诚全而归之。

道家哲学之所以有效，是因为它教导我们如何遵守自己的信念，同时有效地在日常生活中趋吉避凶。社会结构比我们任何人都要强大得多，我们必须尊重它的力量，同时按照自己的路走。

对于老练的交易者而言，一看到本章的标题"不争"，就会立即将其与市场中的正确行为联系起来。"不要与市场对抗""市场永远是正确的""趋势是你的朋友"，这些格言说的都是同一个意思。就像道家哲学要求人们不要试图与社会组织为敌一样，与强大的市场力量对抗将是徒劳无功的和有害的。

曲则全

这句话简练而精准地提醒我们，必须采用止损的方法来保护我们的本金。当市场走势与我们的头寸方向相反，向市场力量屈服正好是保全之法，可以避免麻烦大到不可收拾的地步。老子说："天下难事，必作于易，天下大事，必作于细。"交易新手通常都不愿意止损，因为一止损就是真的认亏，结果他眼看着亏损越滚越大，此时即便有更好的交易机会出现，他也没有足够的本金去抓住它。相反，一个"道论交易者"知道，及时止损能够保存他的资本实力，让他能够在更好的时机再次入场。

枉则直

许多交易者都会碰到一种情况，那就是在交易职业这个问题上，他与别人的交流通常会陷入僵局。在很多人眼中，交易是一种纯粹偷懒的、寄生的职业。对于大众而言，道家哲学的原则是

17 不争：高明交易者的榜样

陌生的、不可接受的，交易这个职业也是如此。因此，与道家之人一样，一个交易者宁愿掩饰自己的想法，也不会去自讨苦吃、招人恨意。

市场与社会一样，是不可改变的。其庞大的结构中包含众多成分，盘根错节。市场中有一些成分可能会让我们觉得不公平、不合理。许多交易者耗费大量时间和精力去抱怨那些违规的、操纵的和不道德的市场行为，其中有些是真实存在的，还有一些是他们想象出来的。我们随便上网看看，就会发现大量论坛和博客满屏都在义愤填膺地指责那些市场中的"不当"行为。这些指责有时候的确反映了真正的问题，但更多的时候却反映了指责者对市场运行机制的无知。一个"道论交易者"很清楚，在金融市场的历史上，各种不当行为历来层出不穷，试图与所有这种行为对抗只是浪费精力。市场结构是非常复杂的，对于普通的观察者而言，要将真正的违规行为与完全正当的交易区分开来，并不是一件简单的事情。因此，高明的交易者认为，与假想的风车作战纯属浪费时间，不会有任何效果。他宁愿花时间去研究市场机制，从中找到市场失灵的地方，并利用它获利。

洼则盈

市场中流传着很多很多错误的观念，对个人交易者产生不利的影响。我们在《大道废》那一章举了一些例子。类似地，很多所谓"正确"的交易方法也伪装成智慧或不可辩驳的真理出现在人们面前。下面我们就举一些似是而非的交易格言，交易者最好能够识破并摒弃之。

● 5月卖出离场。（2009年交易者要是这么做的话那可真是

"赚大了"，而且这并非孤例。）①

- 选股要选一家你喜欢而且使用其产品的公司。（用3分钟时间想出几支涨幅比较大的股票，然后想想它们都生产什么产品，很快你就会发现大部分公司的产品你都无法或不想用作个人消费。）
- 锁定利润不会破产。（如果你总是频繁地锁定很小的利润，却不足以弥补交易亏损，当然可能破产。）
- 低买高卖。（在震荡市中这种方法很管用，但在趋势中，它会让你在下跌趋势中逆势做多、在上升趋势中逆势做空。）
- 1月行情将决定全年的基调。（交易要是这么简单就好了！我们怎么没有看到哪个金融机构根据1月行情建仓，剩下11个月什么都不管，最后却能够挣钱呢？）
- 1月的第1周行情决定1月的基调，然后决定全年的基调。（好像更简单了，难道1周时间就足以为全年做出正确的投资决策？）

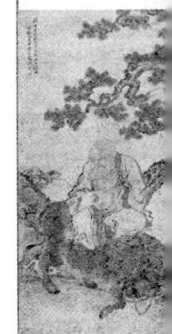

敢则新

老子提出的"不敢为天下先"原则在市场中往往是非常完美的策略。当你在股票下跌过程中寻找反转机会，先入为主、去做第一个买家肯定是错误的做法。更明智的做法是等待股票开始表现出强势——这很明显是其他交易者开始入场的结果。同样，试图在高点逃顶和尝试做空也是如此。尽管错过绝对的底部和顶部听起来并不是那么刺激迷人，但它可以保证你的入场安全性高得多、可把握度更大。

---

① 译者注：作者在这里采用了反讽修辞，实际上2009年5月美股虽然出现了一定回调，但仍处于大牛市启动阶段，美股牛市从2009年3月一直持续到今天。

另一个"不敢为天下先"的例子是突破入场的情况。当一只股票在突破位面临数量庞大的筹码压力,明智的交易者并不会提前建仓然后期望其他人加入他的行列,而是等待阻力位被攻克之后再入场。

少则得,多则惑。

人们贪得无厌地去追逐无法得到的东西必将带来痛苦,这一点实际上可以作为一个完美的比喻,类比交易者在达到合理目标价之后仍一直持有头寸的做法。所有行情,只要我们能够看懂它,就是好的行情。交易者应该在他的系统发出涨跌过头的信号时平仓出局。当然,任何趋势后头都可能还会有一波更大的趋势,但这是一个高明交易者的底线——当他感到已经看不懂市场走势,他就需要锁定利润。此时如果继续持有头寸,就属于纯粹的赌博和一厢情愿,大多数情况下都会导致利润蒸发。

当然,如果交易者发现每次他平仓之后趋势往往还会进一步持续,那么他就需要重新审视他的离场标准。这种思路既是针对变化做出的明智调整,也是对现有技能和手段的改进和提升。

是以圣人抱一为天下式。

圣人是庞大的自然体系的一个缩影("为天下式"),这一理念在交易中的诸多方面都有所反映。

其中之一就是市场的分形特征。我们必须认识到,大部分形态都会在不同的周期中发生,其运行方式是非常相似的。你可以去观察年K线、日K线或盘中1分钟K线的趋势,如果把时间周期隐去的话,你几乎没有办法分辨哪个是哪个。当你研究某种图形走势、交易建仓形态或重复出现的形态时，通常你可以安全地将它们应用到任何其他的周期。有时候我们会碰到书上看到的某种有趣的交易建仓形态，虽然作者描述时所采用的周期与你现在交易的周期不同，但它对你依然是有用的。举例来说，比如你读到一个日内交易者写的文章，文中提到的某种他用来交易的价格形态让你产生兴趣，那么你很可能会在较大的时间级别中发现同样的形态，而且能够利用它来进行交易。

"圣人抱一为天下式"这一概念的另一个交易应用是，我们可以利用我们的情绪感受来理解交易大众背后的情绪驱动。那些交易新手碰到的有害情绪在整个市场中都是存在的。虽然我们自己应该压制这些情绪或将它们从交易决策过程中清除出去，但这并不意味着你能够清除这些情绪本身——你只是让它们变得不活跃，将它们与你的行为分离开来。然而你依然能够以一种冷血的静观态度观察到它们。以它们为镜，你就能够将它们变成一扇窗户来理解大众的行为。你看到市场暴跌时你所感受到的那种恐慌正是驱使受惊吓的交易者不计成本地卖出的情绪动力。你看到市场直线拉升过程中你感受到的买入诱惑正是吸引那些接盘者入场的情绪动力。如果你能够培养出高超的看图技巧，又能够以这种方式来利用你的情绪，那么你就获得了总是能够站在市场正确一边的能力。

不自见，故明；不自是，故彰；不自伐，故有功。

许多交易者浪费大量时间试图说服别人，让别人相信他关于市场方向或某个头寸的观点和意见是正确的。无数个小时就这样浪费在网络上争论未来的行情走向，而有时候所讨论的不过是第二天就能揭晓答案的事情。这样的争论显然是没有意义的，没有任何实用价值。如果出于某种原因，你需要将自己的交易分享出来，

那么你只需要贴出来，让事实去说话就好了。你实在不必去为自己的决定寻找理由，不必去吸引那些所谓的"同道"或说服那些反对者。这么做非但不会有任何收获，反而会加剧不可避免的冲突，同时它会让你变得思维封闭、被自己表达出来的观点框限。如果你的确需要表达某一观点，那么你要确保你的表达方式不是绝对的，而是附加条件的、有赖于行情的——这样一来你就能保持思维的灵活性，同时在新的信息出来后，你能够有调整的余地。这对于你的听众同样是有益的（至少对于那些真正想要学习的人），因为他们能够学会你思考问题的方法，而不是只看到最后的结论。

不自矜，故长。

骄傲是一种危险的性格，在生活各个方面如此，在交易中也是如此。一个交易者如果急于获得某种吹嘘的资本，就会频繁地抄底猜顶。这对于他的交易账户显然是有害的。他可能感觉止损有损于他的自尊，从而拒绝认亏，最终导致亏损越滚越大。吹嘘交易成绩会让我们感觉我们好像必须维护这一形象并让我们的交易表现一直都这么优秀。这样一来我们对市场现实的认知就扭曲了，并造成不必要的压力。我们必须记住，我们所有人都是市场的学生，市场永远会给我们带来新的挑战，因此学习是永无止境的过程。任何人都没有对终极真理的垄断权。谦虚能够让我们脚踏实地，让我们的情绪受控，让我们的交易扎根于现实。

夫唯不争，故天下莫能与之争。

这句话再次提醒我们要与市场保持同步，而不要与之抗争。强大的市场力量会摧毁路上遇到的一道道障碍，而一个"道论交易者"知其必不能成为障碍，否则必将被市场攻克。

Chapter 18

余食赘形：程序化交易排除情绪影响

【《道德经》原文】

企者不立；跨者不行；自见者不明；自是者不彰；自伐者无功；自矜者不长。其在道也，曰：余食赘形。物或恶之，故有道者不处。

【白话文今译】

踮起脚尖是站不稳的，跨步前行是行不远的，自逞己见的人反而算不上明智，自以为是的人反而得不到彰显，自我夸耀的人反而没有功劳，自我矜夸的人反而不能长久。从"道"的观点来看，这些行为都可以说是剩饭赘瘤，惹人厌恶，所有有"道"的人不会这么做。

【大师解读】

本章与上一章《不争》有密切关联，提醒我们所有现象都具有两面性。与世界上所有事物一样，德行也包含积极的一面和消极的一面（"余食赘形"）。在社会看来好的德行可能妨碍个人

获得满足。社会道德通常要求人们牺牲自我。道家哲学将社会用来控制个人的"德行"与个人用来获得自由的德行区分开来。庄子曾经详细论述"自见者不明"并定义了什么才是好的行为。

他说:"我所谓善于听的人,不是听见别人,而是听见自己;我所谓善于看的人,不是看见别人,而是看见自己。一个人如果不能看见自己而是看见别人,不能拥有自己而是拥有别人,那么他只是拥有别人所拥有的而非拥有他自己,只是取悦别人而非取悦自己的本性。"

企者不立;跨者不行。

踮脚站立、跨步前行意味着不自然,会带来站立和行走的不适。不以健康的自我利益为基础的非自然行为必会剥夺一个人的自在。在上面的引文中,庄子建议我们"取悦自己的本性"。"取悦自己的本性"意味着要形成关于世界以及你在其中所处位置的明确图像。

情绪是我们本性内在的和必要的组成部分,然而它也能够成为妄想之源。我们的"自我"告诉我们,我们是理性的动物,能够控制自己的情绪。但实际上,反面同样成立。我们的确有理性思考能力,但情绪通常也会主导我们的决策过程。要想控制我们的情绪,我们就需要对人生进行冷静的分析,为我们的世界观打下坚实的哲学基础,并用理性的行为规则来指导我们的行为。

自见者不明;自是者不彰;自伐者无功;自矜者不长。

这几句话依然遵循通过对立面的对照来说明一个观点的道家哲学原则,向我们描述了一个违反道家哲学德行的人所具有的特征,并且被称之为"余食赘形"。这样的人不能理解自己在世界

中的位置。他与别人比谁吹牛更厉害，因此往往陷入口舌之争。他追逐一些不必要的东西，蔑视他周围的人。这些做法给他带来了压力和负担。从"道"的角度来看，这些品质都属于"余食赘形"，是可厌之物。

就像社会道德往往要求个人牺牲自我一样，有时候在市场中也是如此。我们前面曾经提到一个例子，有些人将做空视为不爱国的行为，要求交易者出于道德的考量放弃这种做法，哪怕这种做法可以而且往往是非常有利可图的。做空在机构投资者当中是非常普遍的做法，也是非常有用的手段。我们还提到，有的人建议大家远离那些产品不符合某种特定意识形态或时下流行观点的公司——比如枪支制造商、烟草公司、石油生产商等等。下面我们再加一个例子：那就是呼吁"有社会责任感的投资"（socially responsible investing）。这可以说是一个完美的案例，向我们展现了市场组织以"做正确之事"为名提出的东西对交易者的业绩可能为害不浅。买入与清洁能源（比如太阳能、风能、潮汐能等）相关的公司的股票，那么你就为我们的地球做了一件好事。毫无疑问，在寻找此类投资标的时，一个明智的交易者应该去分析股票有多大概率表现不错——他买入股票的目的是为了在市场中赚钱，而不是给某家不知名的公司、给那些抛售股票的人或者出售IPO承销股份的投资银行捐款做善事。拒绝盲目投资此类公司，不会仅仅因为它们属于某一特定行业而投资，这并没有什么不道德的。再说，如果它们能够以良好的经营来达到它们高尚的目的，那么其业绩就会反映到股价当中，交易者就会根据走势图的信号做出反应。通过买入一只股票的方式来资助一项高尚的事业，同时却因为该公司管理不善而遭受亏损，这对于这一事业其实并没

有任何帮助。一个"道论交易者"听到这种呼吁之后会去做功课，会去搞清楚这么做"到底是为了谁的利益"，从而确定他买入某只股票是否正确。

庄子对"自见者不明"的论述也给交易者敲响了警钟：

我所谓善于听的人，不是听见别人，而是听见自己；我所谓善于看的人，不是看见别人，而是看见自己。一个人如果不能看见自己而是看见别人，不能拥有自己而是拥有别人，那么他只是拥有别人所拥有的而非拥有他自己，只是取悦别人而非取悦自己的本性。

没有交易者光靠从别人那里听消息、按照别人的意见买入卖出、不做批判的分析就盲目信从外部信息，就能够建立起完善的交易体系、走向交易成功之路。无论朋友、亲戚、同事，还是网络上或电视上的某个知名人物，盲目信从他们的观点都会带来很多问题。其中最明显的一些问题：

- 你不知道他们的建议有没有忽悠的成分；
- 你不知道他们的水平和资历如何；
- 即便你完全有理由相信他们的诚实和水平，他们的风险承受能力、交易周期和预期也可能与你不同；
- 一味地按照他们的建议去做，你将无法形成你自己的交易体系，而变得一直依赖他们的"施舍"。

这些并非可以轻易克服的小问题。此类交易者往往不自己去做研究分析，而是不断地请教那个给他们消息的人，他们不知道后者到底已经卖出还是依然持有某个头寸。他们可能被告知，他们那个亏损头寸持有时间过长并非后者最初的意图，或者后者早已平仓，现在已经卖不了那个价了。事实上，他们根本没有办法及时地去操作，甚至根本不知道后者说的是真是假。这种做法必

会造成焦虑和依赖性。

企者不立；跨者不行。

与这句经文相关的一种常见错误是交易者对自己的交易系统和解盘方法缺乏自信。即便通过验证，交易系统的确能够获得稳定的上佳表现，交易者依然好像对其毫无信心一样，总是过早地退出头寸，而不是让他的系统发挥应有的效力。这种错误的一种典型表现就是，一有利润就迫不及待地止盈，不管利润多么小。这么做必会扼杀他的交易表现，使他无法从市场中真正赚到大钱，害怕小的利润消失，结果错失了大的利润。更糟糕的是，这种行为通常还伴随不肯止损的做法。二者结合起来就是利润远远小于亏损，从而给交易账户带来毁灭性影响。

害怕亏损还可能会促使交易者在价格到达真正的止损位之前就提前止损。这使得交易纯粹基于市场噪音，即那些并不重要的、近乎随机的波动，而走势图并未发出任何有意义的信号。自然，基于随机运动的交易将产生随机的结果。不依据走势图的信号，同时采取小止损、小止盈的方法，也好不到哪里去。这么做会产生大量的手续费，并造成交易账户无意义地波动。即便没有产生大的亏损，光是手续费就能让交易账户流血不止，而此时他自己原本完善的交易系统却闲置在一旁。

交易者之所以会做出这种不理性行为，显然是情绪导致的。虽然我们不愿意承认，事实上，情绪问题对我们决策过程的接管和控制比我们想象的要严重得多。我们往往愿意相信，我们能够控制恐惧与希望等情绪，纯粹理性地去行动。但事实上，不经过艰苦卓绝的努力、培养出自控能力和纪律性，这是不可能实现的。

情绪控制包含几个步骤。

18 余食赘形：程序化交易排除情绪影响

第一步相对简单，也是最明显的，那就是认识到情绪对我们交易表现的危害。我们在前面的章节中曾经讨论过，市场中大部分人的做法恰好是错误的做法。他们的行为是受情绪驱动的，如果我们也让情绪主导我们的交易，那么我们就变得跟众人一样，走上了自我毁灭的道路。有了这种理解之后，我们就知道必须让我们自己与这种强大的影响力绝缘，从而将我们与众人区分开来。

我们下一步就是要设计一套完善健康的哲学体系，用它来描述我们对市场的理解、我们在市场中的位置以及我们在市场中的行为模式。我们现在研究道家哲学在交易中的应用就属于这一步。

第三步是最后一步，也是最难的一步，那就是在实践中的运用——切实处理我们的情绪问题，收回对我们自身行为的控制权。做到这一步需要设计一套行为规范，也就是我们在不同环境下如何行动的模板，并将其付诸实施。首先，我们需要列出交易中遇到的各种标准情境。这样的列表应该包括建仓、止损、止盈、部分止盈和跟踪止损。它还可能包括在一些特定情境下我们需要避免建仓的情况——比如某些市场走势可能诱惑我们冲动入场（看起来不可遏制的快速飙升行情让人产生追高的冲动或者暴跌行情让我们产生一种反弹在即的印象），或者交易亏损刺激我们进行复仇交易（revenge trading）的欲望。对于每一种标准化情境，我们需要制定一种常规应对程序。随着我们碰到和分析出更多对交易表现有害的心理问题，我们还可以加入一些新的模板。

这一系列的常规做法构成了我们在市场中的一个行为矩阵。将它们结合在一起，就是一本详细的、步骤分明的行动手册，可以告诉我们在遇到特定情况时应该怎么做。这些标准化的程序能够让我们的思路变得清晰，逐步消除不确定性，同时给予我们信心去进行情绪控制。这一效应将降低我们的心理压力，让我们能

够将情绪对交易的影响降至最低。

通过观察标准化的、固定的模板对我们交易的积极作用，我们将更深刻地认识到特定的市场环境需要标准的应对方式这一理念。这里所谓的市场环境可以是某种特定的建仓形态，也可以是市场大形态中逐步成型的某种更一般的形态。当你的武器库中装备了某种标准情境并且知道它可能如何展开，那么你就获得了巨大的优势。在《古之善为道者》篇中我们曾经谈到这个问题。

下面我们就通过一个例子来说明这种标准模板的应用。

复仇交易

这是一种很常见的情境。我们以一个日内交易者为例，由于每天交易笔数较多，他可以在很短的时间内累积较多经验，至于其他中长线交易可以类推。我们假设他在交易日一开始就出现了亏损。由于不愿止损，他会竭力做出弥补，在没有出现有效入场点的情况下强行建仓，于是窟窿越来越大，而他越来越拼命。其结果是，交易日结束时他出现了大规模亏损，远远高于最初那笔导致他陷入螺旋式自我毁灭行为的亏损。

根据我们上面提出的步骤，我们一步一步来讲。第一步：找出问题所在——上面这段话就是在找出问题。这样的诊断还应该加入一些具体的细节，比如触发有害行为的是第几笔亏损交易或多大金额的亏损。就这个例子而言，我们可以假设是200美元的亏损。第二步是奠定一个坚实的哲学基础。在这个具体案例中，一个"道论交易者"认识到他的知识是有限的——作为道的外在表现之一，他不可能知道所有应该知道的东西。他无法预测未来，因此总会有无法预测的事件发生。这意味着亏损是无法避免的，而一定比例的亏损交易是预料之中的。所有现象都具有周期性特

征，因此获利交易与亏损交易总是交替出现的。根据这种观点，亏损是正常的、自然的，是交易过程不可分割的一部分。因此，我们不必一看到亏损就大吃一惊并想办法去消除亏损或者立刻开始复仇。

有了上面的认识，下面我们就来设计一套"复仇交易预防程序"。

程序触发：亏损200美元。

应对程序：

1. 离开电脑30分钟。走到室外，做一个呼吸训练。背诵你的交易哲学中关于亏损在交易中的位置和角色的内容（为了让这部分更标准化和有效，你可以事先就特定问题编一句易于记诵的口诀）。

2. 回到电脑前。尝试以一种全新的心态来观察市场走势，就好像交易日刚刚开始时一样。

3. 接下来的3笔交易将在纸上模拟交易。特别注意你的下单理由，确保入场是基于真实的建仓形态，而不是主观愿望。模拟交易可以让你重新获得纪律性，即阻止你陷入有害行为的纪律，夺回对你自己行为的控制权。

4. 如果交易继续亏损，那么继续纸上模拟直到交易日结束。如果交易成功，那么回到实盘交易，但头寸规模只能是平时的一半。

5. 如果每次回到电脑跟前之后，你都能够轻易地回到基于形态的交易，而非基于情绪的交易，那么你就可以跳过纸上模拟的阶段，直接回到实盘交易，但头寸规模只能是平时的一半。

上面提出的步骤可以防止你重复落入自我毁灭行为的陷阱，帮助你找回内心的交易纪律，让你成为一个高度自我约束的、冷静、超然的交易者。

在本书的附录部分我们还将提出更多常规程序的例子。

自见者不明；自是者不彰；自伐者无功；自矜者不长。

这几句话描述了一个未能按照上一章《不争》中所说的道家之人应有的德行来生活的人所具备的特征（这些特征都是可厌之物，就像"余食赘形"一样）。这一对比对于一个"道论交易者"而言有很高的实用价值。就像你给自己创造出一个高明交易者的榜样形象一样，你还可以设想一个与大众同流合污的昏庸交易者形象。时不时将你自己与这个典型形象对比一下，看看你自己是否不经意地保留了与之类似的习惯或表现出与之类似的行为。这样做可以帮助你远离自我毁灭的行为，将你自己更精确地塑造成你心目中模范交易者的样子。在构想这个形象时，要像构想你的理想模范一样彻底，要想到这样一个无助的交易者所有的特征和所有可能做出的行为。他们在这种或那种情况下将会怎么做？他们是否无法设置恰当的止损？他们是否会在暴涨行情的抛物线高点附近追高买入？他们是否会在没有任何见底信号出现的情况下在暴跌行情中逆势抄底？他们是否试图浮亏加仓来摊薄成本从而让风险变得更大？随着你不断地重温这些行为和特征，并将其视为可厌之物，你就逐渐知道自己不应该做什么。

Chapter 19

为者败之：交易系统的核心

【《道德经》原文】

将欲取天下而为之，吾见其不得已。天下神器，不可为也。为者败之，执者失之。夫物或行或随，或歔或吹，或强或羸，或载或隳。是以圣人去甚，去奢，去泰。

【白话文今译】

用有为的方法去治理天下，我看无法达到目的。天下是神圣之物，不可对其有所作为。有作为必会失败，把持它一定会失去。万物秉性各异，有前行，有后随；有轻嘘，有急吹；有刚强，有羸弱；有安定，有危险。所以圣人要去除极端的、奢侈的、过度的做法。

【大师解读】

本章主要谈了道家哲学的一个最重要原则：无为。"无为"通常被误译为与"行动"（action）相反的"不行动"（inaction），实际上其真实含义是"不干预"（non-interference）。无为的原则要求我们不采取行动，除非有什么事情阻碍了我们对内心满

足的追求；这一原则也要求我们不干预别人，除非他们的行为干涉了我们的行为。它还警告我们不要干涉我们的本性。你可以将"无为"理解为在正确的时机采取正确的行动。时机不对，哪怕行动正确，依然是错误的。时机正确，行动错误，结果也一样。

《道德经》建议统治者采取放任自流的方式来治理国家。对于个人而言，这一原则建议我们与宇宙和谐共处，不去干预主导一切存在的自然力量。

将欲取天下而为之，吾见其不得已。

没有什么是永恒的。试图去征服世界（"取天下"），然后征服者按照自己设想的样子去"打造它"（"为之"），这是不会成功的（"不得已"）。因为构造一个人为的组织这一过程本身，就是试图限制大自然的力量，从一开始就播下了失败的种子。

天下神器，不可为也。为者败之。

宇宙的范围以及它的内在法则远远超出我们理解能力。当我们试图改变或提升天下这一"神器"，我们的行为就可能与这些法则相抵触，从而构成干预。因此，这些行为注定要失败（"败之"）。

执者失之。

如果我们需要靠强力才能保护自己拥有的珍贵之物，那么这就是一种干预行为。干预一种现象的本性就相当于令其降格、退化，从而加速它的败亡，而你最终将失去它（"失之"）。

故物或行或随，或歔或吹，或强或羸，或载或隳。

一切事物都有其个体特征，与此同时，它们还受到"物极必反"

原则的制约。所有现象都处于一个盛衰周期之中,任何强度的干预都无法改变这一事实。

是以圣人去甚,去奢,去泰。

"甚"是指超出生活必需的东西。追求自然限制之外的东西,要求我们付出比获得必要之物更多的努力。这种追求构成了干预,因为它破坏了系统的自然和谐。

"奢"是指不受约束的过度放纵,违背了老子"不敢为天下先"的原则。一个人陷入"奢"不但会耗费过多的时间和精力,而且可能过度彰显自己,引起冲突。

"泰"是指骄傲这种最有害的品性。它会扭曲我们对世界的看法,导致我们脱离现实。道家哲学旨在帮我们见到那个"终极现实"(ultimate reality),而夸大我们的自身能力和自我价值将使得我们不可能走上通向内心满足之路。①

无为或不干预,是交易中最重要的原则之一。前面我们曾经谈到它在交易中的应用。下面我们回忆一下这一理念可以从哪些方面运用到交易中。

在交易哲学中,无为这一理念最关键的一点就是警告我们不要干预市场的自然趋势。顺势交易往往是不费力气的,市场会带着你顺流前行,并保证你能够获得利润。相反,试图与趋势对抗将导致你连续亏损,而且如果负隅顽抗的话,你将遭受毁灭性的亏损。

另一种常见的违反无为原则的行为,是干预当前所持头寸的

---

① 译者注:这里对"甚""奢""泰"的理解与我们略有不同,见前面"白话文今译"。不过这三个字本来意思就相近,所以理解上的差异也只是字义上的,与老子想要表达的意思并没有太大出入。

自然发展。你所持有的头寸会随着市场波动而起伏，但只要价格没有扫掉你的止损或达到你的目标位，这样的波动就是无关紧要的噪音。在重大价位被突破之前，这些噪音并不能说明一笔交易将何去何从、是成是败。止损与止盈目标的设置必须将那些重要价位考虑在内，因此，在市场到达这些价位之前，你所采取的任何行动都是对自然过程的干预。

《道德经》教导投资者，要让他的行为与市场和谐一致，不去干预所有价格变化背后的自然力量。

将欲取天下而为之，吾见其不得已。

就像试图人为构造一种社会结构去制约自然力量一样，在交易中形成一种对市场未来走势的观点并顽固坚持，哪怕市场走势已经将其证伪，同样是错误的做法。这种行为我们几乎随时可以在各种行情交流群里见到。下面我们将对这种行为做出详细描述，这样一来，下次当你遇到别人这么做或者看到自己这么做的时候，就能够立即识别它们。在描述过程中，我们还会将其与从《道德经》中学到的其他一些原则结合起来。如果你曾经参加过任何讨论市场行情的网络论坛或交流群，那么下面描述的这些现象你应该非常熟悉了。

在讨论中，根据对宏观经济或特定行业或公司现状的假设和分析，某个人或群体会对未来市场走势得出某种结论，并相信这样的市场走势是对他们分析的反映。观察这样的讨论，你会发现人们往往对他们的分析过度自信，说起话来理直气壮。这种盲目自信对于你而言就是第一个警告信号，因为它违反了我们学到的多条道家哲学原则。罗列如下：

● 傲慢的态度意味着没有认识到：我们的知识是有限的，所以没有办法确保我们的结论是正确的；

● 为自己的交易决策四处寻找理由并与他人争论，这种做法将强化我们对自己所表达的观点的执着，使我们的头脑失去灵活性；

● 激情十足地谈论自己的结论和相关市场头寸，这种情绪化的态度会造成客观性的丧失。

如果接下来的市场走势与这个群体做出的预估相反，通常你会发现大家很兴奋。听起来好像有点自相矛盾，但是持有上述观点的人会说服他们自己，让他们自己相信这样的走势恰好确认了他们的想法。他们的逻辑往往是这样的：市场将那些不坚定的浮多或浮空（weak hands）洗出去了，这一反向走势不过是虚晃一枪，是朝他们所期待方向运行之前最后的洗盘过程。这个阶段大家经常用到的表述是"这样我的买入成本就更低了""他们别想骗到我""我不会被洗出去的""我看穿了他们的把戏"，诸如此类。他们表达喜悦之情的方式对于参加过此类讨论的人而言也是耳熟能详的："最近的价格走势恰好是以更低成本加仓的天赐良机。"你甚至还可能看到欢呼胜利的感叹号："谢谢你！市场主力！"或者是听起来合情合理的自我安慰："本来20美元我就打算买了，现在跌到15美元岂不是更好？"熟悉道家哲学的各项原则之后，你就能够轻易地看出这里面的所有问题：骄傲自大、否认自己可能出错、相信自己的模型是唯一正确的。

随着市场继续与他们最初的判断相左，参与讨论的人陷入亏损不断扩大的局面。这个时候，正是他们的自信心真正接受考验的时刻。通常情况下，他们不会在亏损较小的时候止损并重新评估他们的判断，而是继续顽抗下去。作为道家哲学的学生，你能够明白个中缘由：他们的"自我"已经活跃起来，是被大声公开表达出来的观点刺激起来的。现在金钱不再是他们所冒的唯一风

险，他们还要保护他们的声誉、挽救他们的尊严。承认错误并不是可行的选项，因为它带来的伤害太严重，对于有些人而言甚至比金钱损失更严重。随着时间推移，他们的亏损已经大到难以承受，几乎要彻底吞噬他们的本金。在这个时点，他们需要找到某人或某事为他们的失败负责然后才能进入下一步。

就指责对象而言，"市场操纵者"向来是最合适的人选，而不论这个所谓的操纵者到底是何人。他们宣称，正是操纵者对市场的干扰才导致市场明明应该那么走结果却没有。这种说法是否合乎逻辑呢？从一个"道论交易者"的视角来看，这显然是毫无道理的——因为无论是否发生了市场操纵，交易者都应该将其视为市场推动力之一并包含在他的观点当中。交易者的目标是判断市场方向并建立正确的头寸，要达到这一目标，他必须将价格变化背后所有的力量都考虑在内。尽管用"操纵"二字的确可以为发生的行情提供一种有效的解释，但从务实的角度来讲，一种交易方法忽略这种可能性并顽固地与之对抗，这是不可原谅的。

至于下一步该怎么做，在这个问题上一个"道论交易者"与大部分参与论坛讨论的交易者也是极为不同的。后者被自己的观点所囚禁，现在错误已经非常明显，他们往往开始表现得怒不可遏，痛苦地表达他们对市场的失望，宣告他们要从交易过程中退出。他们当中部分人会挥泪割肉，部分人会决定放一边不管它，寄希望于将来还会涨回来。在遭遇惨败的开始阶段，他们还会继续为他们自己的观点辩解，告诉那些愿意听的人，说他们其实一直都是正确的，只不过被邪恶的市场操纵者害了。各种各样的阴谋论都来了，并唤起焦灼痛苦等负面情绪。没有任何理性的声音响起，因为他们并不想听事实，所需的只是为他们的行为寻找合理借口。毫无疑问，"道论交易者"的思维方式恰恰相反。他知

道自己对市场的解读可能而且经常会出错，现实与设想有出入是再正常不过的事情，因此他能够保持谦卑，极力去看清楚到底什么在发生。出现亏损时，他能够远在亏损变得无法承受之前果断止损。他意识到，他的首要任务是与市场保持一致，去感受市场趋势，因此他会去发现那些一目了然的信息与市场走势出现背离的情形。他知道，按照"显而易见"的表象来采取行动，是大众经常掉入的陷阱。因此他需要反其道而行之，站在市场另一边，从而让他与市场的自然力量保持一致。我们在《余食赘形》篇中曾经讨论了这一强大的武器并与将其与自我毁灭的行为进行了对比。有了这一武器，交易者就能够及早发现那些交流群成员或论坛参与者的错误行为，避免受到他们影响。

天下神器，不可为也。为者败之。

　　这句话的其中一个应用是很明显的，之前我们也曾经提到过。下面我们再深入地讲解一下，进而谈谈其在实践中的运用。作为交易者，我们的任务就是观察和理解市场的自然模式，并让我们的行为与这些模式相吻合。我们不可能将我们的意见强加给市场，期待市场按照我们的想法来运行，相反，我们只能想办法利用市场中真实存在的走势形态。这一理念是所有交易系统（即我们的行动方案）的核心。

　　有些交易者不知道如何设计这样的方案，只是根据想当然来进行交易。其典型表现就是，他们入场下单时往往基于一些随意的价位，并且无法通过经统计检验为有效的形态来确认他们的方法是长期行之有效的。他们的下单理由通常局限于所谓的"感觉""盘感"，或者最多是举出一些最近走势图中的例子。很显然，这样的方法基本是不管用的，其结果是随机的。这就是"为者败之"

的一个典型例子。

正确的交易方法恰恰相反。它基于对实际走势的观察和分析，并依据市场本身来制定行动计划。无论基于价格形态，还是某个技术指标，我们的行动计划都必须满足一些特定的要求，以确保交易方法是建立在坚实基础之上的。下面我们将这些要求罗列出来，你可以根据这个列表来验证你的交易想法。

1. 行动计划从交易哲学的角度来看必须是合理的。当然，这里所谓的交易哲学是指道家哲学在市场中的应用。比如在寻找突破入场的机会时，我们就需要用到《上善若水》篇提到的洪水冲垮堤坝的概念。如果我们寻找趋势反转的机会，那么就应该满足《相反相成》篇和《知常》篇所提到的原则。一个交易计划的所有构成部分都必须按照道家哲学原则展现出来，后文我们在谈到这些构成部分时将会联系相应的哲学原则。

2. 行动计划从交易心理角度来看必须是合乎逻辑的。我们要理解大众的思考方式，并意识到他们的交易决定通常是错误的。一个"道论交易者"须确保他的交易计划将这一理念纳入其中。交易计划的每一成分都必须从"什么是不能做的"这一角度来做出验证，也就是说，必须与大众的行为划清界限。他知道，大众喜欢在行情直线拉升的时候追高，结果往往成为"接盘侠"。因此，他的交易计划必须能阻止他在这样的飙升行情中入场。他还知道，大众喜欢逆势而行，在下跌行情中不断地抄底，在上涨行情中不断地做空。因此他必须避免在没有出现明确趋势反转信号的情况下入场。

3. 行动计划必须明确界定入场点，也就是开仓的触发条件。尽管交易哲学可以给我们提供关于触发条件的基本思路（比如突破走势、反转形态），但详细的参数必须通过对市场走势的观察而得到确认，无论过去的走势还是现在的走势，以及各种不同类型市场的走势。假如我们寻找一个突破入场的机会，那么就需要研究各种与我们打算使用的类似的形态，并比较过去哪些形态成功了、哪些形态失败了，进而对我们想要的成功突破有一个清晰的概念。举例来说，当我们寻找一个"杯与杯柄"形态（一种典型的突破价格形态），我们就需要知道：

3.1 在成功的突破中，对成交量是如何做出确认的？
3.2 杯体部分需要多长时间形成？
3.3 杯柄部分需要多长时间形成？
3.4 两个时间参数之间是否有一个最优的比率？
3.5 杯体部分应该有多深？
3.6 杯柄部分应该有多深？
3.7 两个价格参数之间是否有一个最优的比率？
3.8 什么样的大盘走势能够支持或破坏这一突破？

在寻找"双底"形态时（一种典型的趋势反转形态），我们也要问自己类似的一系列问题：成交量确认，两个底与中间那个顶之间价位的关联，大盘方向的支持，等等。分析过去的表现，我们就能对哪些是成功的形态、哪些是失败的形态有一个概念，进而设计出我们自己的交易系统。最后，就交易的触发点来讲，我们要寻找那个"决定性时刻"——即标志着交易计划开始的市场走势。这可能有多种不同的情况，通常，就突破建仓而言，市场突破一个盘整区间形成的阻力位（比如"杯与杯柄"形态的边缘）就构成触发点；就趋势反转建仓而言，触发点往往是突破反弹尝试所形成的阻力位（比如双底形态两个底部之间高点的位置）。当然，交易者可能选择在实际触发点之前或之后入场，不同的交易系统会有一些不同。不过，就某一特定交易系统来讲，它必须

包含对一个交易计划中所有成分的精确描述。

4. 交易计划必须明确界定止损位。止损位就是代表最初交易想法失效的信号。它是从交易计划中自然产生的，乃是基于这样一个理念：我们没有能力以完全的确定性去预测未来。由于我们把握市场这个复杂系统的能力是有限的，我们必须确保，在我们被证明为错误的情况下，我们的损失是最小的（即在亏损很小的时候就将其止住）。因此，当我们分析一个突破建仓形态时，我们必须确定什么样的信号代表突破失败。对于"杯与杯柄"形态来讲，这个信号就是价格跌破杯柄部分的低点。这是一个支撑位，跌破它就代表形态失效。类似地，价格跌破双底的低点就代表这个反转形态失效。

5. 交易计划必须告诉我们获利时何时离场。平仓必须基于我们前面讨论的同一哲学原则——与交易大众反其道而行之。我们回想一下前面的内容：大部分人通常在价格垂直拉升的过程中追涨，结果往往变成"接盘侠"。因此我们的交易计划应该是，当市场朝我们头寸的方向急速运动时，我们应该部分或全部平仓。

执者失之。

"执"是对现象本性的干预，最终将带来"失"的结果，这种错误在交易中有三种表现。

对第一种我们前面有过详细讨论，就是顽固地坚持自己是正确的，继续去做已经失效的交易。除了在具体某一笔交易上顽固地持有亏损头寸，这种执着还表现在顽固地重复同样的交易方法，哪怕这种交易方法并不能获利甚至会造成持续亏损。这种问题在交易者那里是很常见的，即非常明显的错误一犯再犯。一种方法失效后，他们发誓再也不会这么做了，但结果第二天还是重复同样的行为模式。他们似乎失去了自我控制,好像被某种外部力量接管,这种力量强迫他们放弃他们自己的更好的判断,一再重复错误的做法。一个"道论交易者"知道,这种行为是由于我们被情绪接管、失去理性所导致的。要杜绝这种毁灭性的行为,他的方法是设计一套机械的行动方案并严守交易纪律(详见《余食赘形》篇)。

"执者失之"在交易中的另一表现是持有头寸时间过长,眼睁睁看着市场反转、浮盈逐渐消失。这是一个值得高度重视的问题,也就是说,哪怕我们对市场的判断是正确的,哪怕入场的时机也很好、入场后就有浮盈,但如果不能及时地出场,那么就有可能甚至经常会以亏损收场。实际上,在市场每一轮大行情中都有很多这样的故事在发生。比如在1998年至2000年的科技泡沫中,很多人原本赚了很多钱,但在市场见顶后很长时间内一直持有头寸,结果财富悄悄溜走了,还演变成了巨额亏损。同样的故事也发生在前几年的原油市场中,2008年夏季原油价格一度飙升到每桶150美元,最后又跌破每桶40美元——尽管当时很多专家预测原油还会继续上涨。历史上这样的例子也不胜枚举,比如17世纪著名的郁金香泡沫、18世纪的南海泡沫。显然,这样的大众行为模式是人类的典型特征。毫无疑问,作为一种个人哲学,道家哲学给交易者提供了必要的武器用于保护他自己,使他不致沦为这种破坏性行为的受害者。一个"道论交易者"知道万物都是周期性的、有涨必有跌,能够理解"不可过分"的原则,因此他会学习如何去避免过度,以及识别大众行为中的过度,从看似不可遏制的上涨行情中发现潜藏的和逐渐显露的衰退信号。他知道,过度自信通常会放大错误立场,因此他尽量避免与那些盲目相信趋势永不结束的大众"同流合污"(比如2002年至2007年

的美国房地产泡沫）。

最后，也是第三点，"执者失之"还表现在许多交易者过度利用一种正在逐渐失效的形态。与万事万物一样，市场形态也呈现周期性特征，刚开始表现极佳，然后逐渐陈旧、彻底失效，最后又获得重生、再次绽放光彩。一个"道论交易者"对于这些变化能够保持敏感，并随着交易策略的效果和表现的变化而做出调整。

故物或行或随，或歔或吹，或强或羸，或载或隳。

这段话再次提醒我们，一切现象都遵循永恒的盛衰周期。对于交易者而言，这一点也有一些重要的价值。

尽管大盘走势通常对大部分个股和板块都会产生影响，然而这一影响并不是一视同仁的。市场中的领导者（"或行"）和跟随者（"或随"）持续变化。某些板块和个股会先行，其他板块和个股则表现出一定的滞后性。交易者可以发现这种关系并利用它为他自己谋利。如果交易者能够经常观察到某一种跟随模式，那么他就可以据其提出明确的交易想法。比如，在龙头股启动之后，交易者可以利用跟随股的滞后性建立后者的头寸。不过我们要牢记，这些关联大部分都是不断变化的，可能在一段时间内管用，随后又发生变化或彻底消失。

跟随市场能量的流动是至关重要的。某些板块会时不时表现得更活跃（"或歔"），而某些板块会时不时表现得很冷淡（"或吹"）。有时候你会发现，某些交易者会继续关注那些熟悉的股票，哪怕它们早已不再活跃，也就是说，他们并没有密切关注市场的自然动能，而是试图从正处于休眠状态的个股或板块中生榨出点什么东西。无论交易者是觉得熟悉的股票更让人感到安心，还是仅仅因为疏于察觉,这种做法都会导致交易者将注意力投向错误的领域。

此外,各种板块之间也有某种自然关联。一个"道论交易者"会持续观察这种关联,并试图掌握它们的变化。为了展现这样的联动性以及关联度的变化,我们来回顾一下2008年至2009年油价、美股航空股和美股大盘三者之间的关系。起初,随着油价飙升,航空股大幅下跌——交易者的逻辑是油价大涨将给航空公司带来经营困难。油价与航空股的这一反向关联持续了几个月。然后,随着油价快速回撤,航空股有所反弹。然而随着时间过去,其他担忧开始占据主导——宏观经济危机开始影响航空业,客运和货运量都出现下降。同样,这一危机也极大地降低了对原油的需求。其结果是,大盘的方向开始引领原油价格——新的逻辑是,经济的改善或恶化将影响原油需求。依据同样的逻辑,经济状况将会影响对航空服务的需求。因此,一种新的关联建立起来——原油和航空板块都开始跟随大盘走势,它们之间的反向关联被打破。

我们可以看到,这些关联并不是一成不变的,其中的逻辑也并非总是容易预见的。与市场中一切现象一样,我们可以先提出某种假设,但最终还是要靠市场来证实或证伪。美元与黄金之间的相关性的变化也是一个很好的例子,不断提醒我们,这些均衡状态其实并不是显而易见的。在某些时候,黄金很明显是对美元贬值的一个对冲手段,二者确立起反向关联。然而在2010年欧债危机扩大,并威胁到欧元区以及欧元的生存,美元和黄金同步上涨。很明显,此时交易者将美元和黄金都看成逃离欧元的避风港,因此打破了它们之间的反向关联。

> **是以圣人去甚，去奢，去泰。**

这句经文可以让我们重温之前讨论过的一些概念。我们可以利用这个机会重温下面的解读，想想前面曾经讨论过的交易应用，从而让它们在头脑中焕然一新，从新的角度来看待之。

"甚"是指必需之外的东西，超出市场走势的自然限制。这种追求构成了干预，因为它破坏了系统的自然和谐。

"奢"是指不懂节制，违背了老子"不敢为天下先"的原则。交易者陷入"奢"将会耗费过多的时间和精力去追求无谓的东西。

"泰"是指骄傲这种最有害的品性。它会扭曲交易者对市场的看法，让他脱离现实。

Chapter 20

天下自定：解读干预者的足迹

【《道德经》原文】

道常无为而无不为。侯王若能守之，万物将自化。化而欲作，吾将镇之以无名之朴。镇之以无名之朴，夫将不欲。不欲以静，天下将自正。

【白话文今译】

"道"永远是顺其自然、无所作为的，然而又没有一件事不是它所为。侯王如果能够持守它，万物就会自生自长。自生自长而贪欲开始萌发，我就用"道"的纯朴来镇住它。用"道"的纯朴来镇住它，就不会起贪欲。贪欲不起而归于宁静，天下自然而然能获得安定。

【大师解读】

"无为而无不为"通常被解读为一些令人困惑的说法，比如"什么都不做，但一切事情都将完成"或者"'道'并不行动，然而没有什么是它不做的"。这些解读往往会导致我们得出错误

的结论，以为《道德经》建议我们什么都不需要做，让生命自己去照顾自己。这种说法在现实中显然是没有意义的。

事实上，正如我们反复强调的，"无为"就是"不干预"，意味着个人必须谨慎地选择作为还是不作为、行动还是不行动。我们要获得内心的满足，就必须保持平和，而要保持平和的心态，我们就必须接受自己的优点和缺点。情绪是促使我们去干预的动力，要控制情绪我们就必须达到一种冷静淡定的状态。庄子曾经写道："圣人之所以很冷静，并不是因为他对自己说'冷静是好的'。他只是自然而然地冷静，因为世界上没有东西能够干扰他的思想……不干预意味着与自己和平共处，而当一个人做到与自己和平共处，悲伤和恐惧就无法影响他……"

要想做到不干预自己的本性，我们就必须移除社会对我们的干涉和影响，坚持过一种舒服的、有规律的生活。这种日常规律可以强化我们的自我控制和心态平和，这就是重复的力量。

通过不干预，"无为"这一理念对于我们个人过上平静的生活还有其他一些意义：

首先，所有现象都是由对立面构成的二元现象，因此我们总是交替经历相对快乐和悲伤的阶段、成功的阶段和失败的阶段。如果我们对生活的期望并非如此，那就意味着我们相信自己能够改变或影响生命的自然周期。因此，我们的情绪应该反映这种认识，在顺利的时候不要过于兴奋，在困难的时候也不要过于惆怅。这种态度就能带给我们所希望获得的平和心态。

其次，遵循"无为"、不干预的原则，我们的能量得以保存，这样在必要的时候，我们就有充足的能量储备可以调动。就像卷曲的弹簧一样，只有在需要的时候其储存的能量才会被释放出来。我们也需要保存能量，以便在必要的时候采取行动。庄子写道："他

只有在被触动的时候才做出回应,只有在被敦促的时候才会动起来,只有在他不得不这么做的时候才会付诸行动。"

道常无为而无不为。

"道"完成它的工作完全是受大自然法则驱动的,它对于自己的行动完全没有意识,所以说它"无为"。然而就像所有法则发挥作用之后那样,其结果永远都是"无不为"的。

在《道德经》中,"无为"这个词不单建议我们不去干预,同时它还包含了运用"无为"这一原则的技巧。当我们将"无为"的原则内化之后,在实际运用中就不需要有意识地思考,而应该是自动发生的。

侯王若能守之,万物将自化。

"侯王"是指试图控制其臣民的统治者。如果他们能够放弃自己人为制定的价值,遵守道家哲学的原则,那么民众以及各种关系就会最终回到其本然("自化")。这样的一个道家社会并不是乌托邦,事实上它是按照大自然的法则来运作的,其中有斗争,有捕猎者和它们的猎物。

化而欲作,吾将镇之以无名之朴。

一旦民众遵守了道家哲学的原则,那么当他们开始行动("作")时,实际上就是在实践他们的本性,也就是那个"无名之朴"——他们未受人为价值污染的、最初的单纯状态。

镇之以无名之朴,夫将不欲。不欲以静,天下将自正。

欲望通常是受个人所采纳的价值观主导的。为了找回自己的

真实本性，我们必须抛弃人为的社会价值观。这里的"不欲"是指抛弃竞争的欲望，即要求我们不要为了追逐社会向我们灌输的所谓的成功而做不必要的竞争。受我们自然本性驱使的行为依然与我们的本性相一致，这便达到了自然的和谐。

对于一个交易者来讲，从容淡定是他应有的最重要的心态之一。交易者必须让自己具备以冷血的态度做出决定、不受情绪蒙蔽的能力。只有心态冷静、放松时，交易者才能够让自己的行为与客观的、可观察的指标相一致，而不受自身需要、欲求和情绪影响。交易者必须与自己以及作为其生存环境的市场和谐共处。要将恐惧从决策过程中清除，交易者就必须接受他自己的局限并在局限范围内行动。这种思路可以让他一直处于一个熟悉的、舒适的环境中。要移除一厢情愿的希望和臆想，交易者就必须理解他自己在市场中的位置和角色。这么做可以让他保持脚踏实地、实事求是。这并不意味着他不应该追求利润最大化，但他应该认识到的是，更多的利润可以而且只能是通过获取新的知识和提升自身技能来赚取的。每个人都可以从市场中赚取应得的利润。这里所谓的"应得"与公平和道德没有关系。交易者之所以理应从交易中获得回报，有赚取利润的可能性，唯一的原因是他理解了市场的法则，并以钢铁般的纪律遵从这些法则而行动。

正如上面庄子所说的，一个"道论交易者"是自然而然地心态冷静的，因为他能够与自己和平共处、能够理解周围的环境。

要维持一种冷静、平和的心态，我们就需要将自己与潮水般向我们涌来的各种消息和评论隔离开来，后者包括各种市场、经济、政治等方面专家的言论。我们很容易注意到，一个人如果持续关注这些消息、评论而且认真地对待它们，那么他就会时常处

于愤怒之中。我们必须记住，媒体有它们自己的利益诉求和经营计划，需要靠耸人听闻的标题来吸引更多的关注和提升自己的流量。对于媒体而言，客观的、不偏不倚的报道是退居其次的，媒体的信息价值同样如此。对于一个真诚的听众或读者而言，这种偏颇的报道会让他对这个世界的各种不合理现象感到愤怒。然而对于一个"道论交易者"而言，明白了这些新闻报道的性质之后，对于各种信息他就会做仔细的甄选和过滤。

交易者通过一种常规程序来维持心态平和是完全可行的。在《余食赘形》篇中，我们已经讨论过如何针对特定的情境设计一套机械程序来尽量排除情绪的影响。同样的道理，一般的日常规律也可以让交易者感到舒适安定、心态平和。这样的日常习惯包括每天早上先打开交易软件，了解一下隔夜的新闻，然后评估当前市场的状态。接下来他需要对市场走势提出一种可行的假设，并选择他的应对方式。而且，交易者还要在他的"常规"里加入思考每日的不同时段行情有哪些典型的变化以及行情展开的各种情境，然后通过观察行情的变化来确定哪种情境最可能发生，进而确定必要的应对方式。我强烈建议交易者把冥想包括在日常功课中。在本书最后的附录部分，我们给大家提供了一些冥想的技巧。对于一个"道论交易者"来讲，冥想在帮助他保持心态平衡、冷静、放松和随时准备行动方面的作用不容小觑。

"无为"理念对于交易者获得内心平和而言还有其他一些意义：

首先，万事万物都是由对立面构成的，这意味着我们会交替经历成功的阶段（交易获利）和失败的阶段（交易亏损）。如果我们的期待并非如此，那就说明我们自以为能够凌驾于生命的自然周期之上。因此，无论在周期的成功阶段还是失败阶段，我们

都需要控制好情绪,做到胜不骄败不馁。这种态度可以让我们时刻保持冷静。

依据把盈亏作为一个自然周期的理念,我们可以得出以下推论:

- 如果你听某人宣称他没有失败的交易,你就知道他一定是骗子;
- 通过止损来限制交易亏损对于交易者能够生存下来是至关重要的;
- 在较长一段时期连续交易成功之后,交易者不应该变得更冒进,而应该试图采取极为谨慎的态度,对市场变化的信号保持敏感。这样一来,当周期逆转时,他才不会猝不及防;
- 经历长时间的连续亏损之后,交易者应该将进攻性和头寸规模降低,让亏损最小化,同时对市场变化的信号保持敏感,准备在周期逆转之后更积极地参与市场。

其次,根据保存能量的"无为"原则,我们应该学会在市场没有机会时保持按兵不动。我们需要保存精力和资本,这样,当环境变得有利时,它们就可以得到充分的利用。比如,对于日内交易者来讲,如果午餐时间市场走势死水一潭,那么他就需要减少自己的操作①。又比如因为季节性的因素,比如夏季或者8月,市场表现不是那么活跃,那么交易者也应该相应地调整自己的节奏。如果浪费时间、精力和资本在一些没有太大意义的交易上,那么当好机会出现时,我们的准备就没有那么充分了。

---

① 译者注:美股中午不休,从早上开盘到下午收盘交易时间是连续的。

道常无为而无不为。

与"道"一样，市场完成它的工作也是受自然法则驱使的，对其行为没有任何意识。因此，"无不为"只是市场自然行为的结果。我们必须理解市场的自然运作方式，从而保持客观性，在与市场的交互中不添加个人色彩。市场不会专门针对你，既非对你有敌意，也不是你的朋友。如果在某些情况下你感觉好像被人盯上，你一做什么市场走势马上就跟你作对，这只能说明你的行为未能与市场趋势保持一致。

就像在《道德经》中一样，"无为"这一理念还包含了让交易毫不费力的技巧。如果你去观察一个成功交易者的操盘，你会发现他的行为好像是自动发生的，似乎根本没有经过有意识的思考。你还会听到别人评价他"让交易看起来很简单"，的确，真正高水平的技巧一定是"无招胜有招"的。

侯王若能守之，万物将自化。

运用到交易中，"侯王"可以指那些试图干涉市场走势的监管机构，它们使用各种干预手段和不断改变市场规则。事实上，如果他们不去管市场，而是听之任之，市场反而能够更有效地发挥其"价格发现"的主要功能（"自化"）。当然，这并不意味着市场应该成为一个乌托邦，而是说它应该按照大自然的方式来运行，其中有自然的冲突，有捕猎者，也有猎物。不过现实是，各当局和热心的监管者不可能停止对市场的干预。这样的市场对于交易者而言是否会变得无用呢？不然。就像信奉道家哲学的人能够在一个被社会组织统治的世界中找到实践自身信念的方法一样，一个"道论交易者"也会将这样的干预纳入他对市场的解读中。

换句话说，对于他而言，干预者是他要考虑的另一个因素，干预者留下的痕迹是另一个要解读的脚印，干预者的意图是另一个要观察的变量。

化而欲作，吾将镇之以无名之朴。镇之以无名之朴，夫将不欲。不欲以静，天下将自正。

一旦干预停止，市场将立即恢复其自然运行方式，回到反映市场参与者所理解的现实情况的价位。即市场走势不再遭到当局利益的腐化，而是开始反映实际的供求关系。同时，我们还必须明白，没有干预能够让市场永远处于非自然状态——干预持续的时间越长，市场最终的报复就越强烈。比如，人为压制市场波动将最终导致极端的狂暴行情；人为制造的趋势最终将会突然反转。

这样的"自定"指的是回归自然状态，而不是变成死水一潭。就像大自然一样，市场按照它自身的机制运行并不等于田园牧歌，只是一种没有人为干预的未污染状态，从而对于高明的交易者而言是更为有利的环境。

Chapter 21

反者道之动：交易者最重要品质

【《道德经》原文】

反者道之动，弱者道之用。天下万物生于有，有生于无。

【白话文今译】

"道"的运动是循环往复的，"道"的作用是柔弱的。天底下的万物从"有"而生，"有"从"无"而生。

【大师解读】

在前面的章节中我们曾经讨论过"物极必反"的原理，即所有现象都遵循自然的交替出现的盛衰周期。"物极必反"的原理与"相反相成"的原理一道，构成了理解大自然法则和模式的钥匙。换句话说，就是对立面的统一与相互作用。道家哲学著名的"阴阳鱼"太极图就展现了这一理念。

反者道之动。

所有现象都是由对立的力量构成的，这一逻辑乍看起来好像

有点自相矛盾,然而如果我们将其拿到实践中去检验,就会发现它其实是显而易见的。我们之所以知道什么是光明,是因为我们知道什么是黑暗。如果我们对其中之一没有概念,怎么可能理解另一个呢?我们假设一下,如果你从出生起就双目失明,只知道黑暗,那么你怎么可能理解光明呢?由于眼睛失明,你没有办法将东西与你向来熟知的黑暗进行比较。因此,实际上你也不可能真正明白什么是黑暗。要真正理解一种自然现象,你必须接受其对立面实际上是同一个东西的一部分。

循环是事物正常运转的必要条件。光明与黑暗的一个完整周期构成了24小时的1天。农作物需要昼夜的交替和四季的轮回才能成熟。我们需要睡眠为清醒状态补充能量。任何现象都要依赖其对立面才能正常运转。

只有认识和接受了这一原理,我们才能面对现实,将生活看成一个永恒变化的过程。好运必须被冷静地接受,而一定的厄运也应该在预期之中。知道周期循环是不可避免的,我们就能有所准备,而准备是调整和适应的先决条件。

一个信奉道家哲学的人将二元性视为一切事物的基础,因此不会从善恶的道德立场去看待事物,而是承认对立双方对于世界的运作都是必要的。

弱者道之用。

这里的"弱"更确切的含义是"适应",即调整自己去适应周围的力量并与之携手前行。

天下万物生于有,有生于无。

世界上的一切现象,从最广大的到最微乎其微的,从宇宙到

个体，都遵循"物极必反"的原则。任何现象都是由此消彼长的对立力量所构成的。"有"和"无"的状态也不是孤立的，它们是同一现象的两个方面，构成生、长、衰、亡的永恒周期。

反者道之动。

这句话所包含的原则我们在前面的章节有过深入的讨论，尤其是在《相反相成》篇和《知常》篇中。下面我们列出这些原则在交易实践中的应用。由于前面已经有过详细讨论，所以这里我们只是稍微重温一下，加深我们的认识并将它们整合到一起。

毫无疑问，最明显的应用就是市场中牛市和熊市的转换。在现实中，市场绝对不可能一直朝一个方向运行。上涨行情为未来的下跌奠定了基础，因为当前每一个买家都是未来的潜在卖家。无论上涨还是下跌，都有其自身的价值，没有好坏之分。

明白市场运行过程在任何时间级别上都包含两个方面，一个"道论交易者"就能够耐心地等待恰当的入场点。相反，一个缺乏耐心的交易者看着趋势不断增强，往往会迫不及待地想要入场，生怕错过交易机会。交易老手知道市场必会回调，从而会给他带来安全得多、获利空间更大的交易机会。他会等待市场向他靠拢、满足他的入场条件，因此他所需要做的只是耐心等待自然法则发挥作用。

同样，交易老手知道任何趋势都不会永远持续，因此他会寻找趋势反转的信号，并依据信号退出头寸，而不会过度留恋原有趋势。有些市场参与者会被一些媒体、机构或专家所忽悠，以为市场单边行情还将持续很长时间（比如我们在前面章节中提到的原油市场的例子），然而一个"道论交易者"对于这样的忽悠会保持怀疑。如果市场走势与这种流行观点背离，他就知道趋势即

将变化。

"道论交易者"还能够理解这一原则在交易中的另一个应用：亏损交易是交易过程中不可避免的组成部分。连续获利会让位于亏损，就像白昼会让位于黑夜一样确定无疑。明白这种必然性是非常重要的，这样我们才能有心理准备，保持冷静，同时会对风险进行管理，让亏损最小化。试图彻底地避免亏损不单是不切实际的，甚至还是有害的。它会导致交易者拒绝止损，而这种"不情愿"就是将来出现大幅亏损并超出合理限制的罪魁祸首。另一方面，如果交易者试图改进交易系统，希望它能够"避免亏损"（loss-proof），抱着这样一个永远无法实现的目标，交易者将会落入"优化系统"的陷阱，没完没了地改来改去。

我们还必须记住：周期的每一方面都要依赖其对立面才能存在。未来的上升趋势需要今天的卖家，他们会成为明天的买家，制造新的上升趋势。未来的下跌趋势需要今天的买家，他们会成为明天的卖家，制造新的下跌趋势。趋势的延续需要回调，因为更具吸引力的价位能够吸引更多买家入场，从而推动新一轮上涨。一种成功的交易策略需要亏损来提醒交易者情况在发生变化，他必须调整自己以适应新的现实。正是由于这些亏损交易的存在，一种策略才能在经过调整之后依然是成功和有效的。

弱者道之用。

调整自己去适应环境、顺势而为是交易者最为重要的品质。趋势的力量永远比你强大。没有交易者能够靠顽固不化、坚持到底而获得成功。相反，只有灵活、善变的交易者才能够生存下去。我们曾经提到，我们不可能了解所有市场信息，因此出人意料的走势、无法预测的偏离乃至于彻底的错误都是可能发生的。因此

一个"道论交易者"会保持谦卑，知道他自己的知识有其固有的局限性，明白市场永远是正确的。他会一直笃信道家哲学的原则，并由衷地去遵守这些原则。

天下万物生于有，有生于无。

高明的交易者对自然周期有深入的理解，无论做多还是做空都没有障碍。虽然很多人认为做多是"善"的、做空是"恶"的，但对于他而言，做多和做空没有区别，多空双方都有存在的理由，都是自然周期必要的组成部分，因此他不会对它们赋予情感或价值判断。一轮上升行情始于低价低量的状态，始于市场参与者的漠视——这些都可以看成某只股票或某个板块在交易者雷达上的"不存在"或交易者对其彻底缺乏兴趣。上升趋势终结于高潮走势——在此状态下，所有人都愿意在任何价位买入该品种，此状态代表兴趣的峰值，此状态可以被很好地描述为所有看空情绪"不存在"。一个"道论交易者"明白"有生于无"，因此会寻找这样的极端状态来捕捉趋势反转的时刻，即上升趋势让位于下跌趋势或相反的时刻。同样的周期模式发生在任何交易工具上，无论货币、商品、个股，还是板块：先是彻底不受关注，然后慢慢地变成略有兴趣，再演变成全面受到关注，再到激情澎湃，最后进入光芒逐渐暗下去的反转过程，热情消退后演变成受到轻微的关注，最后彻底被遗忘。当然，在未来某个时候，整个周期还会重复。

在这里，我们也可以注意到对立双方的相互依存——正是其他交易者缺乏兴趣，使得第一批买家能够轻易地吸筹建立头寸，因为基本上没有人跟他们竞争。同理，正是看空情绪的缺乏，使得第一批卖家能够轻易地派筹退出头寸。

我们可以从这一现象得出一些重要的、实用的结论。最初入

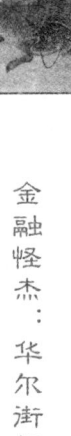

场买进的总是交易老手,他们买入时会非常低调,避免引人注意,在吸引其他买家入场之前尽量多吸纳一些筹码。因此,交易者要判断一个不活跃品种何时开始进入上升趋势,就必须注意那些偷偷摸摸的吸筹行为,其表现是成交量缓慢上升、价格以较慢的速度稳步走高。另一个重要结论是,要想轻易地套现一个大规模头寸,我们就需要在买入热情最为高涨的时候进行,用交易俗语来讲就是"在能够卖出的时候卖出,不要等到不得不卖出的时候再卖出"。

Chapter 22

知足：高明者享受交易

【《道德经》原文】

　　名与身孰亲？身与货孰多？得与亡孰病？甚爱必大费；多藏必厚亡。故知足不辱，知止不殆，可以长久。

【白话文今译】

　　名声和性命比起来哪个更亲切？性命和财富比起来哪个更贵重？得到名利和丧失生命比起来哪个更有害？因此过度爱惜名声就必将付出巨大的代价，过度积累财富就必将招致惨重的损失。知道满足就不会受到屈辱，知道适可而止就不会带来危险，这样才能够保持长久。

【大师解读】

　　获得个人满足是道家哲学的首要目标。与众多承诺死后福报的宗教不同，道家哲学追求的是我们日常生活中的满足。健康的精神状态是我们保持身体健康的必要条件，而内心满足感的不断提升有助于我们保持好的精神状态。

要获得内心满足，我们就必须对现在所拥有的一切感到满足。压力和痛苦来自对物质占有和其他世俗成功的无止境追求。

名与身孰亲？身与货孰多？

这句话提醒我们，不要汲汲于名声，不要与左邻右舍攀比。一般来讲，一个人要想在周围人中获得名声，就需要展现与他人类似的物质、技能或者社会地位。这样的压力将会导致我们永不满足。周围人和社会鼓励我们去获得财富和社会地位，却并不以满足为目标或者衡量成功的标准。一个信奉道家哲学的人意识到所有物质的东西都是"暂借"给我们的，不可能永存，从而能够去化解这一压力。因此，为了身外之物而牺牲日常的满足就相当于追逐借贷之物。

得与亡孰病？

当我们为了未来而牺牲当下，我们就会失去自我（"亡"）。"现实"与"当下"是同义词，不能全副身心地活在当下，那么你就丧失了宝贵的生命和"自我"。人们习惯于将注意力放在未来，放弃当下去换来某种假想的承诺。人们的过去是由一系列不满意的时刻组成的，现在则是由对未来的期待构成的。于是"当下"不见了。这种态度将会分散我们对手头事件的专注。

甚爱必大费；多藏必厚亡。

一个真正知足的人会去享受生活，赚钱只是为了真正享受每一个时刻。不知足的人却是为了未来的各种可能性而积累财富。他的不满足来自失去——即"当下"的失去，而且是他自己主动放弃的。金钱失去之后还可以赚回来，但时间失去了就永远回不来了。

故知足不辱，知止不殆，可以长久。

作为道家思想的信奉者，如果你常常是知足的，那么公众对于你克制欲求的做法的不认可（"辱"）并不能让你动摇。你会忽略社会的压力，在自己的天然局限之内活动，而不是强迫自己去获得不必要之物，因此你能够避免陷入危险（"不殆"）。

本章我们将超出交易，谈一点大部分关于交易心理的书籍都没有涉及的内容。就像个人满足是道家哲学的主要目标一样，交易也应该自然而然地带来个人满足。很多交易者让交易超出了它应有的意义，不再仅仅是一份职业或者业余赚钱的活动。交易占据了他们生活过多的时间，成为一种情绪和智力上的负担。这样的失衡状态是不健康的，也是没有成效的。它会让个人不断远离他实现满足的目标，而不是帮助他实现该目标。

这与真正的激情还有所不同。真正的激情虽然会耗费一个人很大一部分时间，但它对于我们的生活有非常积极的影响。相反，上述失衡状态只会带来不满和痛苦。我们去看看那些深夜还在网上讨论行情和交易的人，就能轻易地看出其中的差别：他们大部分是愤怒的、焦躁的，试图为他们失败的交易寻找归咎的对象。一个情绪稳定、内心平和的交易者往往会忙于生活其他方面的事务，而不会把时间浪费在向网络上的陌生人发泄他的愤怒。

交易者必须牢记交易在生活中的位置。一个成功的"道论交易者"会快乐地生活在当下。用明天的目标来取代今天的快乐是愚蠢之举。交易只不过是我们全部生活的一部分，除此之外，我们还有家人、朋友、爱好以及与其他人同样的享受。你应该将交

易看成达到你的各种目标的手段，而不是让它取代你的那些目标，成为生活的全部。

要想让交易成为生活的自然组成部分，它就不应该成为一种导致我们疏离生活的经验。尽管交易中会有失望和恼火的成分，尤其在涉足交易的初期，但我们必须努力保持一种平和的心态，有意识地将交易有机地整合到我们的生活中。一个"道论交易者"可以通过以下几方面来实现这一目标。

首先要形成正确的期望。我们曾经说过，欲求和期望是痛苦的核心，交易者必须意识到交易并非而且也不可能是简单的事情。交易是一项专业活动，与任何其他专业活动一样广泛而复杂，在某些方面甚至比很多专业有过之而无不及。同时它还是一门生意，一个人必须全面地为他自己的业绩负责。我们每天看着显示器，在某些方面，就好像照镜子一样。交易还是一个自我学习和自我改变的过程。期待一夜之间或短短数月就成为交易高手，这绝对是不切实际的。合理的期望可以帮助我们保持头脑冷静和避免失望。道家哲学的很多教诲，比如谦卑，比如我们不可能理解我们周围的整个系统，都有助于我们理解和牢记我们在市场中的角色和位置，从而将期望保持在理性的范围之内。

其次是要学会保持正确的心态。在《天下自定》篇中我们曾经讨论过冷静的心态。除此之外，保持一种积极的心态，在日常交易中不丧失幽默感，确保用较为超然的态度来看待发生的一切，同样是非常必要的。自嘲是一种很有用的方法，可以帮助我们保持脚踏实地，保持从正确的视角看问题。

再次是确保不让与交易相关的活动占据你全部的时间。你需要确保能够有时间去享受其他，与朋友玩耍，与家人共度时光，享受你的爱好，而且要完全活在当下，全副身心地参与这些活动。同时你要记住，交易是一项案头工作，因此还要给你自己留出足够的运动时间。

交易可以而且应该成为一份令人享受的工作。所谓"知之者不如好之者，好之者不如乐之者"，不享受怎么可能变得擅长呢？想想交易中什么是你真正喜欢的呢？并不仅仅是赚钱，而是交易过程中能够给你带来满足的某个部分。是成功地实现自我控制？是能够准确地解读市场情绪？还是这一"游戏"中智力竞赛的过程？强行记住那个让你享受的部分，关注它，并让自己保持从中获得乐趣的状态，这一行为本身就会减少你的心理压力，并提升你的效率和表现。

名与身孰亲？身与货孰多？

通过上面几段话的讨论，这句经文的意思就十分清楚了。要想保持知足的状态，一个"道论交易者"不会以赚跟别人一样多的钱或者预测行情以博取他人赞誉作为他的目标。相反，他会基于他自己的实际需要和个人局限来设定目标。他心中没有虚荣和傲慢，而是脚踏实地。这种方法可以令他保持最佳状态，满足而放松，不会去跟周围的人做无意义的攀比。

得与亡孰病？

令人满意的生活永远存在于"此时此刻"，而不是某个模糊的未来。一个"道论交易者"会珍惜每一个瞬间，不会让自己对美好未来的期望剥夺了今天的幸福。每天都过着充实而均衡的生活，这才是真正的客观。

在交易过程中，专注当下也是交易获利的必要条件。如果我们将过多精力花在预测未来走势上，而忽略市场当下正在发生什么，这对于我们的交易账户将是毁灭性的。对于交易来讲，光看对市场方向是不够的，能否在正确的时间做出正确的判断才是至

关重要的。你会发现一些交易者在抱怨，说他明明预测对市场走势了，但却因为"操之过急"反而亏钱了。这就是一个极好的例子，告诉我们，专注某个模糊的未来而忽视对时机的选择，必将受到市场惩罚。

甚爱必大费；多藏必厚亡。

一个真正知足的交易者会每一天都过得快乐，赚钱是为了更好地享受每一个时刻。相反，一个不知足的人只是为了未来的可能性而积累资产。他的不满足来自"当下"的失去，而实际上是他自己主动放弃的。金钱失去了还可以赚回来，而时间却一去不返。不要将工具当成目标，交易只是你实现生活目标的工具，而不是目标本身。

故知足不辱，知止不殆，可以长久。

作为一个"道论交易者"，如果你是知足的，那么尽管你过于务实的期望不被大家认可（"辱"），你也不会因此动摇。在交易中，来自同行的压力是很普遍的，通常表现为比较谁赚得更多、谁的头寸规模更大，或者对那些不敢"重仓"、只设定温和目标的人进行冷嘲热讽。高明的交易者知道这些压力只不过是虚荣、自大和无谓的竞争，只能满足一个人的傲慢之心。明白了这些行为背后真正的动力，以及它们对交易者心态的害处，他就会不予理睬，而忠实于他自己内心的目标。

Chapter 23

身与天下：以实践检验一切系统

【《道德经》原文】

　　善建者不拔，善抱者不脱，子孙以祭祀不辍。修之于身，其德乃真；修之于家，其德乃余；修之于乡，其德乃长；修之于邦，其德乃丰；修之于天下，其德乃普。故以身观身，以家观家，以乡观乡，以邦观邦，以天下观天下。吾何以知天下然哉？以此。

【白话文今译】

　　善于建树的不可拔除，善于抱持的不会脱落，如果子孙能遵行这个道理则世世代代祭祀不会断绝。拿这个道理贯彻到个人，他的"德"就是真实的；贯彻到一家，他的"德"就是有余的；贯彻到一乡，他的"德"就受人尊崇；贯彻到一国，他的"德"就是丰盈的；贯彻到天下，他的德就是普遍的。所以从我的身来观照别人的身，从我的家来观照别人的家，从我的乡来观照别人的乡，从我的国来观照别人的国，从我的天下来观照天下。我如何知道天下的情况呢？就是用这种方法。

【大师解读】

道家哲学是一种非常独特的哲学，主要讲的是社会组织结构对个人的有害影响。社会的宣传机器向我们宣扬各种为其自身利益服务的价值观。《身与天下》这一章重点谈了一个人的个性是如何由社会层层塑造的，先从个人自己开始，然后扩大到家庭、社区、国家以及整个世界。在老子看来，就我们的人生而言，我们才是自己王国里的统治者。[①]

善建者不拔，善抱者不脱。

这两句话说的是，一个信奉道家哲学的人是自由的思想者，不盲目地信从任何东西，而是将一切都拿到实践中去检验。相反，一般人总是按照社会的指引去行动，根据大多数人接受的信念来做出决定。由于缺乏批判精神，大众缺乏独立的个性。他们从社会习俗惯例中获得安全感，对其抱有绝对的信心，不可动摇（"不拔"），不可放弃（"不脱"）。

子孙以祭祀不辍。

作为社会教化之一种，人类有崇拜祖先的传统，不断地歌颂祖先的成就和德行。在我们的传统价值中有一种对死亡的信仰，一代一代延续至今，尽管这种信仰在当今社会基本上已经没有实用价值。

修之于身，其德乃真。

德行包括一个人道德上的和伦理上的品性。利用从大自然中所观察到的价值，与利用社会所教导的价值来塑造一个人的个性，

[①] 译者注：亚历克斯·阿纳托尔对本章的解读虽然也可自圆其说，但与中文学界的解读有着较大的出入，读者可以对照前面的白话文今译。

二者之间有着天壤之别。道家之人不会自动地接受各种信仰和观念，而要不断地问自己"为什么"。任何决定都要通过那个涵盖一切的标准来衡量："这对于我个人是否正确？"一个信奉道家哲学的人做一件事是因为它是合理的，而不是因为所有人都在这么做。如果我们专注于成为一个个体，那么我们的道德和伦理观就是真诚的，而不是由外部强加的；我们的决定和行为就是基于现实的，而不是基于别人的利益。

修之于家，其德乃余。

这句话讲的是道家之人选择同胞的原则——周围那些有着同样信念和价值观的人，而不一定非得有血缘上的关系。

修之于乡，其德乃长；修之于邦，其德乃丰；修之于天下，其德乃普。

在老子列出的等级关系中，个人必须在有其自身优先价值的社区、国家和天下找到他的位置和角色。要想正常地生活下去并且走向兴盛，我们需要将自己作为一个个体来培养，同时在社会组织及各种限制之内活动。这就要求一个信奉道家哲学的人培养他自己的"第三只眼"——能够看透别人眼睛的技巧。知道自己在别人眼中的样子，我们就能了解自己在社会中的角色，从而在某一给定环境下做出恰当的反应。

由于国家和天下比我们个体要大得多，所以我们需要一些伪装，以免吸引不必要的关注。道家哲学的一条基本原则就是永远不要与社会组织对抗，从而与道家哲学"无为"的理念保持一致。

故以身观身，以家观家，以乡观乡，以邦观邦，以天下观天下。

这几句话讲的是同一个核心主题——评估一个个体、家庭、乡村、国家和天下的特征，通过测试它们来确保被提出的价值观或想法是真诚的，而不是试图操纵人的骗局。道家之人会通过实践来验证一切，而非单纯依靠信仰。

吾何以知天下之然哉？以此。

最后这句话传递的信息是，我们应该保持"结果导向"（results oriented）。"以此"意味着任何理论上的讨论都必须产生实践上的结果。如果原则能够产生积极的结果，那么它就是有用的。手段高明的忽悠者会让任何想法都听起来无懈可击，然而只有实践才是唯一有效的验证手段。

道家理念提醒我们，市场中虽然充满机遇，然而市场却并不是一个为我们个人的利益而构造出来的环境。尽管交易者可以通过市场谋生甚至赚取不封顶的财富，但这只能靠独立思考而不是从众才能成为现实。市场中各种信息和推广都是为特定参与者和组织的利益服务的，绝对不是为了帮助任何听众发财致富。要成为"自己王国里的统治者"，我们就需要有批判精神，甚至怀疑精神，才能让自己成为自己行动的主使。

善建者不拔，善抱者不脱

一个"道论交易者"是自由的思想者，他不会单纯凭信念而去相信一个事物，一切都必须通过实践的检验。相反，普通交易者往往抱着那些流行的信仰和观念，根据形形色色的所谓的"大师"、评论家和媒体专家的观点来做出决定。这些为大众所接受的观点虽然看起来显而易见、不可辩驳，但却导致那些盲目信从者一遍又一遍地陷入自我毁灭的行为之中。尽管过去这样的行为曾经无数次地证明对市场参与者的财务健康有害，大众依然会沿着这条传统的毁灭之路前行。无论过去几个世纪的"郁金香泡沫"还是"南海泡沫"，无论当代的"科技泡沫"还是"房地产泡沫"，大众的行为模式永远是一样的。这一行为模式形成的走势形态的有效性与数十年前并无不同。正是大众的情绪性行为造成了投降式抛售——"让我在任何价格离场"的恐慌，而这种恐惧是由每一个评论家散布的。正是大众的情绪性行为造成了直线拉升走势——"不管价格如何一定要上车"的兴奋感，而这种失控的乐观情绪也正是由同一批评论家散布的。一次又一次，这样的忽悠让大众在最高点买，在最低点卖。在恐慌促使投资者抛弃手中股票之后，大涨行情随之而来；同样，在大众将谨慎抛到九霄云外，不顾一切地买入之后，暴跌行情随之而来。由于缺乏批判精神，大众变得整齐划一、不可辨识，陷入重复性的自我毁灭行为。他们对于自己的信念"不拔""不脱"，而这种坚定的信念正是一个"道论交易者"所警惕的。明白大众这种不肯放弃的特征，高明的交易者就能从市场中找到大量交易机会。对教条的盲目信从会让我们的思维失去灵活性，而健康的怀疑主义却让我们能够承认错误，哪怕这种错误被大家普遍以"事实"视之。

子孙以祭祀不辍。

即便对于那些所谓古老的、久经考验的市场"智慧"，一个"道论交易者"也不会想当然地接受。比如我们在前面章节中提到的一些错误观念:"从长期来看市场永远上涨""不要试图在市场中择时"等等。这些观念长期以来一直被宣扬,可以算很"古老"了,然而"古老"并不等于就是真理。

判断一种方法的有效性的唯一标准,就是实践和实际表现。交易者如果能够深入理解市场的基本法则,就可以看出哪些方法是基于这些市场法则,而哪些方法属于人为地将自身意志强加给市场。一旦市场的真实法则不可避免地发挥作用,后者必将失败。

修之于身,其德乃真

健全有效的交易方法和思维方式必定是建立在真实的市场法则和模式之上的,而不能是那些别有用心的机构所鼓吹的教条。一个"道论交易者"会不断地去验证各种观点和观念,从中找出合乎逻辑的、对其交易业绩有帮助的部分。比如当他听到如下建议:"持仓不动,不要割肉,因为市场很快就要反转",他会选择置之不理,因为他知道,任由亏损越滚越大将会终结他的交易生涯。如果他发现给出这一建议的人正好是之前提出某个交易想法而现在出现亏损的人,他就能明白此人给出这一建议动机何在:想要向其听众证明他之前的判断是正确的,拒绝承认错误,因为他受伤的"自我"需要获得确认。高明的交易者可以预测到,如果市场继续证明这位"大师"是错误的,他下一步应该会这么做:指责市场操纵者毁掉了他完美的交易想法。无论这对于该"大师"意味着什么,它对交易者必定是有害的,因此高明的交易者不会去听从这位"大师"的建议。

一个"道论交易者"绝不会仅仅因为别人都在做什么而去做什么。他的信仰和观念必须是真诚的、以可观察的现实为基础的。对于他而言,任何大众一致同意的观点和意见天然就是

值得怀疑的。

修之于家，其德乃余。

道家之人将持有共同信念和价值观的人视为同胞，只包括数量很少的人，同样，一个"道论交易者"也会发现他只能找到少数的同道中人。这些人以健康的自我利益为依归，并珍惜这少数志同道合者的合作。

修之于乡，其德乃长；修之于邦，其德乃丰；修之于天下，其德乃普。

"第三只眼"（看透别人眼睛的技巧）的概念在交易中也有应用。在第十四章《道纪》里面我们曾经有所涉及。这一技巧可以令交易者借其他参与者的眼睛来看待市场事件，从而预见他们可能做出的应对。他将自身的情绪用作反映大众情绪的一面镜子，不过，只有当他严格遵守道家哲学原则并将其运用到市场实践中，他才能将自己的行为与情绪分离开来。

吾何以知天下之然哉？以此。

这句话再次强调了一点：其他市场参与者提出的任何交易方法都必须拿到实践中去检验。许多交易策略的推广方式非常高明，往往以一种非常可信的方式给出所谓的业绩"证明"，其实根本就是伪造的。这些操盘软件提供者承诺可以让你轻松致富，而你几乎什么都不需要做。它们往往还附带着鉴定书以及业内人士的推荐语。然而一个"道论交易者"知道，单是买一套软件让它自己去运行而自己什么都不用做就能获利，这种好事是绝对不存在的。实践检验是评估交易系统的唯一方法，决不能盲目听信商家的宣传。

Chapter 24

图难于其易：顶尖交易者的境界

【《道德经》原文】

为无为，事无事，味无味。大小多少，报怨以德。图难于其易，为大于其细。天下难事，必作于易；天下大事，必作于细。是以圣人终不为大，故能成其大。夫轻诺必寡信，多易必多难。是以圣人犹难之，故终无难矣。

【白话文今译】

以"无为"的态度去作为，以无事的态度去做事，以无味当作味道。大生于小，多起于少，用德来回报怨恨。处理难事要从易处入手，做成大事要从细处入手。天下的难事，必须从易处做起；天下的大事，必须从细微处做起。因此圣人不自以为大，所以才能成就大事。轻易许诺就必定失信，把事情看得容易就必定遭受困难。所以圣人总是把事情看得很难，因而终究没有困难。

【大师解读】

如果我们遇到问题不去处理，任其发展壮大，那么问题将变

得越来越严重、越来越庞大。你越早发现问题，就越容易处理。日常维护可以避免大修，解决小的健康问题可以避免大病，化解微小的误解可以避免关系破裂。事情的征兆和症状，无论多么轻微，我们都不应该忽视它。

为无为，事无事，味无味。

这里再次提出"无为"的原则，我们在前面的章节已经多次讨论过了。道家之人会尽量避免对事情做不必要的干预，以免制造新的问题。道家哲学建议我们沿着自己的路前行并允许他人遵循其原初本性，也就是说，应该听任事物自然发展。

大小多少，报怨以德。

在这句经文中，老子建议我们，无论问题有多么小，我们都要以全副精神来对待它。练习发现小问题是一项很好的训练，可以发现终将变成大问题的问题。通常我们会很自然地注意到大问题，却往往忘记大问题都是由小问题开始的。以同样的程序来对待简单问题，我们就能学会处理复杂问题。注意到那些无关紧要的麻烦，我们就能提早发现潜在的大麻烦。

同时，这种做法也是对我们每个人固有局限性的尊重。我们之所以如此尽心尽力，是因为我们知道，我们必须在问题超出我们的有限处理能力之前发现它们。

老子还警告我们，不要让情绪，也就是怨恨主宰我们的行动。意气用事做出的决定往往会造成更大的问题。情绪还会降低我们对正在发生之事的敏感度。再者，以冷静的态度提出的解决方案更有可能被其他参与者接受。

图难于其易，为大于其细。

这里重申了本章的主题：大问题总是从小问题开始的。小问题总是比大问题更容易解决。因此关键就在于如何提早发现问题。答案是，通过运用道家哲学的原则，识别那些重复出现的模式，就能提升我们对事件发展的敏感度。明白了事情有可能如何发展，我们就能够"于其易"之时抓住问题。这种方法并不是要我们变成偏执狂，而是要我们对早期征兆做一种超然的静观。当然，并不是所有情况都要求我们采取行动，在很多情况下，最好的决定是任其自然发展。不过，我们必须意识到问题的存在，并为行动做出准备。这样一来，当行动变得必要，当时机成熟，我们就已经有所准备，已经设计好行动的方案。

天下难事，必作于易；天下大事，必作于细。是以圣人终不为大，故能成其大。

对于圣人来讲，永远不需要去处理大问题。这是可能的，因为他能够在问题变大之前就发现并解决它们。

夫轻诺必寡信，多易必多难。是以圣人犹难之，故终无难矣。

那些不明白问题有多严重就轻易做出承诺的人，往往发现自己很难兑现承诺。如果我们对问题的严重性以及可能的发展路径缺乏敏感度，我们就会对问题本身以及我们处理问题的局限性这二者做出误判。轻视问题，认识不到它有可能演变成大得多的麻烦，将导致"多难"的结果。相反，将所有事情都看成潜在的困难，哪怕在它们很容易的时候也认真对待，就可以防止出现上述结果，从而"终无难矣"。

在交易中，对即将发生的变化保持敏感，及时处理小问题以防止它们演变成大问题，这是非常重要的。下面我们将举例来说明这一理念并分析一个"道论交易者"如何从中受益。

这一原则最显著的应用就是要限制亏损。在亏损很小的时候去处理它，可以确保它绝对不会成为威胁你整个交易账户的问题。当一笔交易出现不利发展，一个"道论交易者"会结合两条原则来处理。

第一条原则是"无为"，也就是不干预。这一原则适用于走势与他的头寸方向相反但还没有触及止损位的情况。这样的走势只是正常的波动，并不要求我们采取行动，因此我们选择"为无为，事无事"。如果稍有风吹草动我们就手忙脚乱地去作为，就构成了不必要的干预，其本身就会带来问题，往往导致我们在缺乏充分理由的情况下平仓，接着可能又会重新开立一个头寸，从而造成过度交易。

第二条原则是，当一笔交易根据我们的交易系统判断明显已经失败，那么我们就要准备止损。止损位应该是提前设置的，而交易失败的信号也应该是严格定义的。当需要行动的时刻来临，我们就要果断行动，这样一来，问题就在"于其易"之时得到了处理。

为了更深入地做出分析，我们将这种思路与忽略上述原则的交易者的行为进行对比，然后看看后者将会有什么样的遭遇。在提前设置的止损被扫掉之前，亏损规模是很小的，因此并不会引起警觉。如果按照正确的方法，止损位的设置考虑到了市场波动率、走势形态、头寸规模和交易账户规模，那么亏损应该不会大到令人不安的地步，自然也不会造成情绪上的痛苦。

然而，正因为如此，它可能诱惑交易者试图再等等看，并且以亏损"还小"为借口希望浮亏能够转为盈利。随着亏损不断扩大（由于交易形态已经被破坏，因此大部分情况下都会是这个结果），交易者开始感受到痛苦。现在他希望价格回到他最初的止损位，这样就能比现在立即止损少亏损一点。不必说，这个时候他内心开始纠结，情绪开始影响他的所有决定。他下一步会做什么我们说不好，但有一点是显而易见的——无论他做什么，都不可能是理性的。在某个时点上，交易者发现亏损已经大到难以接受的地步，交易账户受到了重创。尽管如此，当亏损进一步扩大，痛苦超出他的承受极限之时，在大部分情况下他还是会选择砍仓。雪上加霜的是，这时候他往往会碰上市场走势开始反转。于是交易者受到了四重打击：

- 交易账户受到了重创；
- 在他"培育"亏损的过程中，许多获利机会来了又去了，却都与他无关；
- 他对自己交易能力的信心遭受严重打击；
- 情绪困扰破坏了他的心态，造成愤怒、极端的苦恼和各种其他负面情绪。

心情沮丧、账户大缩水，而这一切都始于最开始不愿处理那个小亏损。

本章原理的第二个应用是趋势反转。对于趋势跟踪交易者而言，在他建立头寸之后，行情延续就是他获利的关键，因此关注趋势反转的信号是非常重要的。与上面的例子一样，一个"道论交易者"会在两条原则之间寻求平衡。同样，第一条原则就是"无为"——不会对任何小幅下跌都做出反应（当然，这是就交易者的交易级别而言的，对于一个长线交易者而言，小幅下跌可能意味着日线的一根阴线，而对于日内交易者来说，它可能是1分钟图上的一根阴线）。通过"事无事"，他避免了过度交易以及过早地锁定利润。不过，他仍将继续关注趋势反转信号，无论发出危险信号的走势形态，还是技术指标。他随时准备行动，对问题的初步信号保持敏感，从而能够确保浮盈不会蒸发。

同样，下面我们来分析一下忽略这些信号的交易者的行为。由于确信价格会朝有利的方向运行，他忽略了出现问题的初步信号。为了更形象一点，我们来举一个具体的例子——2008年夏季原油价格在每桶147.27美元见顶。当时所有专家都预测趋势还将持续下去，有的说要涨到每桶200美元，还有的说要涨到每桶300美元，等等。然而实际上此后价格开始下跌。当然，价格下跌并不是获利了结的理由，因为任何趋势都不是直线运行的，必定会有回撤。然而，在所有人都继续看涨的情况下，原油出现了一系列的"高点下降"和"低点下降"，这是强烈的警告。正是在这个时候，对于那些忽略了出现麻烦的早期信号的人而言，一个极具破坏性的情绪周期开始启动了。刚开始的时候回撤幅度比较小（前两周大约每桶22美元），比较容易被人忽略。一个月后，价格跌到每桶112美元，每桶跌了35美元。浮盈下降了这么多，让人更加难以接受，因此许多交易者开始说服自己再等等看，并根据各种继续看涨的基本面分析来为自己的决定寻找借口。大约两个月过去了，价格跌破了每桶100美元。然而其实噩梦才刚刚开始，原油行情对交易者的希望和账户的致命打击又持续了几个月，一路跌破每桶40美元大关才最终进入反弹。令人奇怪的是（不过也并非完全出人意料），油价崩盘之后，此时反而铺天盖地都是看空观点，都预测油价还要进一步下跌，迫使那些绝望的多头在市场大底附近挥泪割肉。

"图难于其易"原则的第三个应用是,通过跟踪自己的交易表现,来找出那个市场已经发生显著变化、足以表明你需要对交易系统做出一些调整的时刻。当然,这并不意味着全面改造,只是切换到另一种价格形态或者改变预期,等等。万事万物都不是一成不变的,即便最成功的交易方法,当市场在活跃度、趋势、成交量和波动率等方面处于周期不同阶段时,也需要做出一定的调整。与前面的例子一样,"道论交易者"将会尽早发现变化,准备做出必要的改变,并在时机成熟时迅速采取行动。运用我们前面两个例子所使用的模板,大家自己可以去套一下,两类交易者,时刻保持警惕的交易者与忽略早期警告信号的交易者,他们各有哪些遭遇呢?

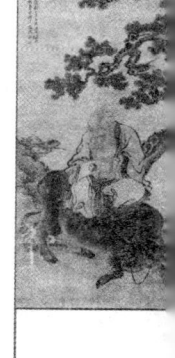

要想尽早发现那些细微变化,正确地预估它们的发展轨迹,交易者就必须保持从容淡定的心态("以德报怨")。如果交易者对当前头寸或某一判断过于执着,就会造成情绪的介入和陷入主观,进而为自己寻找合理化借口,就像上面所举的原油例子中那些说服自己油价只可能上涨不可能下跌的交易者一样。

是以圣人终不为大,故能成其大。

这句话所反映的境界我们经常能够从那些顶尖交易者身上看到。他们似乎永远不会或极少遇到困难。在别人看来,他们就好像有"神功护体"一样,大部分交易者经常遇到的那些问题都伤不了他们。当然,这只是一种假象,"道论交易者"同样会遇到市场中存在的所有问题。只不过,由于时刻保持警惕,及时发现潜在的问题,在问题很小的时候就着手处理,因此交易老手能够毫发无损,不会受到困难不断累积所带来的冲击。

Chapter 25

我有三宝：三条简明的交易建议

【《道德经》原文】

　　天下皆谓我："道大，似不肖。"夫唯大，故似不肖。若肖，久矣其细也夫。我有三宝，持而保之：一曰慈，二曰俭，三曰不敢为天下先。慈故能勇，俭故能广；不敢为天下先，故能成器长。今舍慈且勇，舍俭且广，舍后且先，死矣！夫慈，以战则胜，以守则固。天将救之，以慈卫之。

【白话文今译】

　　天下的人都对我说："'道'广大，却不像任何具体的东西。"正因为它广大，所以才不像任何具体的东西。如果它有形象的话，那么它早就是渺小之物了！我有三种宝贝，持有并保全它们：一是慈爱，二是俭啬，三是不敢居于天下人之前。慈爱所以勇敢，俭啬所以广大，不敢居于天下人之前，所以能成为万物的首长。现在舍弃慈爱而追求勇敢，舍弃俭啬而追求广大，舍弃退让而争先，完全是死路一条！慈爱，用来征战就能胜利，用来防守就能

坚固。天如果想要救助谁的话，就会用慈爱来保卫他。

【大师解读】

《我有三宝》这一章提出了日常生活中三条简明的建议。这三条建议对于道家之人的思维方式非常重要，共同构成了一种全面的哲学观，可用于日常生活实践。

天下皆谓我："道大，似不肖。"夫唯大，故似不肖。

这句话强调了道家哲学原则的反对立场。道家之人总是站在流行的社会价值观的对立面，因此在那些持有传统观点的人看来，他们属于古怪的人。

若肖，久矣其细也夫。

如果道家哲学的强大真理是一目了然的，那么它早就被当权者降伏并扭曲以迎合他们自己的目标。我们的社会组织一旦遇到足以威胁现状的思想，往往会将这些思想改头换面来满足其需要，转换成有助于实现其自身目标的形式并实施之。

我有三宝，持而保之：一曰慈。

正如我们在序言中提到的，解读老子的文字远非易事，不能只看字面意思。通过实践，我们就可以发现那些误读之处。上面这句经文就是一个很好的误读的例子：如果我们去读本章最后一段话（见下文），那么西方意义上的"爱"就与老子完全不相干。

夫慈，以战则胜，以守则固。天将救之，以慈卫之。

这两句话言简意赅，但道家思想是一种实用的哲学，老子提

出的"慈"除了字面意义的"爱"，必定还有其他含义。读者必须明白，在汉语中，并没有与西方/基督教的"爱"相当的词汇。之所以将汉语的"慈"翻译成"爱"，只是因为它们含义最为相近。实际上老子说的"慈"有三层意思：

第一是接受。无条件地接受我们所爱的对象现在的样子，无论这个对象是朋友、亲人，还是一份工作。一个专业人士必须热爱自己的职业才能表现出色，三心二意不可能取得重大成就。如果一名外科医生不热爱自己的工作，做手术只是为了一份不错的收入，你敢把自己的命交到这样的人手中吗？"接受"同样适用于战场。战场就是一个危险的冲突之地，我们必须如实地接受这一点，许愿和祈求不可能解决冲突，而必须以有效的方式去认真对待。

第二，老子"慈"的概念还有"简单"的意思在内。当我们接受现实环境之后，有哪些选择就很清楚了。在冲突中，你要么是捕猎者，要么是别人的猎物，你有三个选择：战斗、逃跑、投降。学会分析环境并以清晰简洁的方式列出自己的选项，这是一项非常重要的能力。借助这一强大的手段，我们就能够在日常生活中趋吉避凶。这种能力还是消除困惑、降低压力的重要手段。

第三，老子的"慈"有"关爱"的意思在内。在接受某个东西、列出你的选项之后，下一步就是实际行动了。

总而言之，老子以生活战场中的"慈"作为他的"第一宝"，指导我们去接受现实，清晰列出选项，然后富有激情地采取行动。

二曰俭。

"第二宝"是警告我们不要贪得无厌。在现实生活中，走极端通常会带来灾难或者损害健康。不过这"第二宝"也并不意味

着拒斥一切或全面的极小化。就像过度饮食会导致肥胖一样，食不果腹也会让人饿死。

因此，我们应该同时避免过度和拒斥，凡事都有一个度，而这个"度"是以必要性或者充分性来定义的。"俭"的原则要求一个信奉道家哲学的人去判断和实现那个"度"，从而让一切能够正常运作。

这一警告还适用于精神领域。过度的精神活动会让人心绪不宁、过分担忧生活中的每一种可能性。如果一个人的头脑总是停留在生活中的"如果"中，那他就不可能生活在"当下"；如果一个人总是试图提前算计好一切、事无巨细，那么就会陷入无止境的困惑以及对未来的恐惧，最终精疲力竭。

三曰不敢为天下先。

老子的"第三宝"是提醒我们要避开社会对我们的驱策——持续地超越和战胜我们身边的人。这种驱策隐含一层意思，那就是只有通过做到最好、脱颖而出，才能获得幸福。

但是老子认为，这种永无休止的力争上游对于我们的内心满足是有害的。对社会地位和财富的激烈争夺会激发我们的傲慢和虚荣心，而这是社会操纵个人的主要手段之一。

取得成功并且去炫耀它，那么你将会成为其他力争上游者的目标。木秀于林，风必摧之。一个信奉道家哲学的人会静静地享受自己物质上的成功，过着一种知足的生活，而不会让自己显得出类拔萃。

慈故能勇。

利用我们上面提到的"慈"的三重含义——接受、简单、力行，恐惧的情绪可以得到有效的管理。有了这三个心理工具,一个信奉道家哲学的人就有力量去处理任何情况。

俭故能广。

这句话建议我们不要耗费不必要的精力,要养精蓄锐,这样一来,在需要行动的时候你就有充足的能量。

不敢为天下先,故能成器长。

一个人如果不去争夺社会给我们颁发的那些人为的"奖品",那么他就能培育自己的自然禀赋;不参与这场让人精力耗尽的"赛跑",他就能养精蓄锐、节约时间,从而让自己的自然禀赋和才能日渐成熟,同时也不会成为其他人嫉妒的对象。

今舍慈且勇,舍俭且广,舍后且先,死矣!

这一结论是对本章内容的一个扼要总结。

天下皆谓我:"道大,似不肖。"夫唯大,故似不肖。

现在,我们已经非常熟悉反向思维是"道论交易者"核心的思维方式这一理念。在前面的章节中,我们曾经全面地讨论了显而易见的行为不会带来交易成功(比如《身与天下》以及其他章节)。与人们常规的思维方式相比,"道论交易者"的头脑似乎很怪异。他并不寻求在利好消息出来的时候买入或者在利空消息出来的卖出。相反,他会寻找价格走势与消息之间的背离,然后按照与大多数人相反的方向建立头寸。也就是说,当市场参与者对市场运行方向集体抱着同一种看法,而市场走势并没有确认这种看法的时候,一个"道论交易者"就会选择

与流行的观点反其道而行之。他将大多数人表达出来的观点当成采取反向行动的信号。

若肖，久矣其细也夫。

成功的交易方法必须是反向思维的。这简直就是不言而喻的。大多数市场参与者采取显而易见的交易行为并且出现亏损，而这亏损恰好缘于他们本身。因为当大多数人都站到同一个立场时，按照道家哲学的原则，他们就都成了潜在的敌对阵营成员——今天的买家正是明天的卖家。在均衡被打破之后，交易老手就能从大众的行为预测到即将发生的事情，并利用这一理解来做大众的对手方。很显然，他的观点这个时候会显得有些愚蠢（"不肖"），然而如果不这么做的话，他就会犯错（"细"）。

我有三宝，持而保之：一曰慈。

现在我们已经知道老子的"慈"有三重含义，下面我们看看如何将其运用到交易中。

"慈"的第一层含义是无条件地接受。任何领域的专业人士都必须热爱自己的工作，才能让自己的技能出类拔萃。同样，交易者也必须热爱交易这门事业。许多交易新手把市场看成一个毫无乐趣的地方，认为交易是令人厌恶的。毫无疑问，如果你讨厌一种职业，那么你不可能在这个领域取得成功。我们很难想象一个人在一个不断给他带来恐惧和厌恶的环境中，居然可以获得成功。一个外科医生如果不热爱自己的职业，只是将做手术当成谋生手段，那么没有人会愿意让这个医生在身上动刀，同理，如果一个交易者不认可市场，我们肯定不能指望他能够表现出色。一个"道论交易者"会把市场当成自然环境、

一个感觉像家一样的地方。市场是一个战场，我们应该接受它本来的样子——这里有公平有不公平、有危险有机遇、变幻莫测又遵循一些可以被观察和利用的特定模式。这样的接受是有效应对市场的先决条件。

"慈"的第二层含义是"简单"。一个"道论交易者"拥有将局势简化的能力，能够以简单直接的方式找出自己的选项。我们的交易系统必须足够简洁，可以让我们看懂，反之，难以解释、理解和记忆的过于复杂的交易系统并不是十分有效的。交易系统中的模糊性是设计糟糕的表现。

我们曾经谈到，交易者可以制定一套标准程序来应对一些特定的情境（《余食赘形》篇）。这样的常规应对之法，与其他任务一道，都有助于简化交易者的选择、让执行过程变成好像自动发生的一样。这样我们就来到老子"慈"的概念所包含的第三层含义——"关爱"或实践。

这个"慈"的概念对于交易者的思维方式非常重要，我们来总结一下：它概括了一个交易者整体的态度，包括交易者对自己、对周围环境以及对他在这些环境中的位置和角色的看法。

> 夫慈，以战则胜，以守则固。天将救之，以慈卫之。

一个成功的交易者会接受市场本来的样子——它是一个具有高度流动性的松散结构体，其中无数的力量以一种基本上无法计算的方式相互作用，同时又存在一些遵循人类心理法则、与僵化逻辑的错误前提背道而驰的、可以观察到的运行模式。他享受着解读道在市场中表现自身的过程，并被这些表现方式中所蕴含的优美与冷酷吸引。在理解道家哲学的原则之后，他就能培养出可以清晰地看到自己的选择以及做出选择之后果断采取行动的能

力。他的交易系统预先决定了程序化的应对方式，从而可以给他提供选项和清晰的指引。另一方面，经由反复的实践和经验积累，他对他的交易方法具有充分的信心，配合严格的风险控制，从而能够果断地采取行动。正是通过这种方式，"慈"让他能够"以战则胜，以守则固"。

二曰俭。

"第二宝"是警告我们不要过度。它告诉我们要同时避免过度和排斥，并以必要性或充分性作为"度"的标准。

这一原则在交易中可以有几方面的应用。首先，"俭"意味着交易者对市场行情的预期应该具有合理性。机敏的交易者会关注趋势反转的信号，不会一厢情愿地过长时间停留在一笔交易中不肯离去，而冒着浮盈蒸发甚至转为亏损的风险（过度）。另一方面，他也会避免陷入另一个极端——过早退出头寸，放弃让利润奔跑的机会（排斥）。

其次，他会确保他的头寸规模是适度的。避免仓位过重（过度），他就能够控制自己面临的风险，确保心态稳定，而不会让市场的小幅波动所造成的账户盈亏影响到他的心态。另一方面，他也要避免另一个极端，那就是头寸规模过小，需要不切实际的大行情才能带来有意义的利润。

过度的精神活动会造成不必要的思维混乱和无谓的担忧。一个"道论交易者"尤其重视前期准备工作，从而将执行过程中的权衡降至最低水平。对于那些已经有应对成法的典型情境，多思不光无益，甚至还会造成犹豫不决和执行失当。同样有害的做法是，试图搞清楚行情发展的所有可能性，预防所有可能出现的危险。这就是所谓的"过度分析导致行动瘫痪"（paralysis by analysis）。这种错误思路的一种常见表现就是将各种指标、划线弄得满屏都是。过度使用这些分析工具将会让交易者的思路变得模糊，而非带来帮助。

高明的交易者知道自己不可能预测所有可能性（我们对世界的认识存在固有的局限），永远面临遭遇不可预测事故的风险。他的任务并不是去预测未来，而是预测行情最可能出现的展开方式，并使他自己免受负面情境之害。这种"保持中立"的技能对于交易者而言至关重要：一方面利用最有可能出现的情境，另一方面降低最危险情境下的风险，而无论这种危险发生的概率有多低。准备好迎接不同的情境，那么交易者就不需要去预测所有可能出现的波动，从而将他的思考限制在必要和充分的"度"之内。与典型的道家之人风格一样，这里面似乎也有一个悖论：采取这种方式的交易者不必去预测未来，然而他却能随时准备好以最具建设性的方式应对将要发生的任何事件和变化。

三曰不敢为天下先。

在前面的章节中，我们曾经讨论过，凡事争第一、吸引不必要的关注是没有意义的做法。这种受"自我"驱使的一连串行为对交易者是致命的。一个"道论交易者"不会把交易当成竞赛，也绝对不会参加那些试图证明孰优孰劣的、愚蠢的交易大赛。同样，他也不会参与那些关于未来市场走势的永无休止、永无结果的争论——他非常清楚，没有人可以预测市场，被一种观点所禁锢、思维变得僵化，是愚蠢而危险的。他所重视的是保持灵活、聆听市场的能力，而为了保持这种能力，他宁愿在讨论行情时表现得模棱两可，给他的观点附加条件，加上"如果"和"除非"诸如此类的表述。

交易老手会在自己的能力范围之内交易，而且会尽量客观、谦卑地评估自己的能力。他会避免过度地追求财富，因为他知道，追求不可实现的目标会让一个人变得容易受到攻击和伤害。

慈故能勇。

对于交易者而言，最有害的精神状态莫过于恐惧。正如那句古老的市场格言所说："受惊吓的资金不可能胜出"（Scared money can't win）。恐惧会带领我们走上歧路。对亏损的恐惧导致交易者拒绝接受小的止损，结果演变成大的亏损。对浮盈消失的恐惧会导致交易者过早平仓，无法让利润奔跑。对未知交易结果的恐惧会导致交易者拒绝入市——这种情况通常被称为"晕枪"（gun-shy）。最后，恐惧市场本身将会给交易者造成心理压力，影响交易者的心态，从而对其交易表现和整个生活带来负面影响。

利用我们前面提到的"慈"的三重含义（接受、简单、力行），恐惧情绪可以得到有效管理。如果交易者能够接受市场本来的样子，那么市场将不再是一个令人恐惧的环境。如果交易者能够提出简单明确的行动计划，那么他就能够果断地采取行动。如果交易者对于可识别的情境制定事先准备好的、自动化的、常规的应对方式，那么他就能毫不犹豫地去行动。所以说"慈故能勇"。

俭故能广。

交易者应该具备的一项重要技能是，能够在缺乏机会的情况下保持观望。我们屡次提到，当机会来临之时要果断采取行动。这样的时刻是通过一些可识别的情境来定义的，包括某种特定的建仓形态、某些市场事件等等，此时交易者知道概率正变得对他有利。然而，当这样的情境没有出现时，交易者就应该什么都不做。这其实也是交易者应该训练自己以成法去应对的一种标准情境。这可能是一项艰巨的任务，坐在那里等待恰当的机会出现，眼看着市场涨涨跌跌，眼看着别人赚钱亏钱，感觉好像时间被浪费了一样。这时候人们很容易变得不耐烦，放弃自己的成法，开始交易。一个"道论交易者"知道，他应该选择属于他的战斗，所以他会等待他能够掌控的战斗出现。

Chapter 26

兵不厌诈：交易中的伪装原则

【《道德经》原文】

　　用兵有言："吾不敢为主，而为客；不敢进寸，而退尺。"是谓行无行，攘无臂，扔无敌，执无兵。祸莫大于轻敌，轻敌几丧吾宝。故抗兵相若，哀者胜矣。

【白话文今译】

　　用兵的曾说："我不敢进攻，而采取守势；不敢前进一寸，而退后一尺。"这就是说，虽然有阵势，却好像没有阵势可摆；虽然要奋臂，却好像没有臂膀可举；虽然面临敌人，却好像没有敌人可赴；虽然有兵器，却好像没有兵器可持。没有比轻敌危害更大的了，轻敌几乎丧失了我的"三宝"。所以，两军相当的时候，慈悲的一方就可获得胜利。

【大师解读】

　　在前面的章节中我们曾经提到伪装的概念，即融入社会中，但不要引起不必要的摩擦和冲突。本章从另一个角度讨论了这一概念：

如何将伪装运用到冲突中。尽管道家哲学的不干预原则教育我们要避免不必要的冲突，但有时候冲突是不可避免的。我们没有能力预测未来，这意味着在冲突中总会有出人意料的事情发生。

如果我们能够让潜在的对手暴露他的意图，那么风险就容易管得多了。这可以给我们更好的机会去分析挑战，提出更恰当的应对方法。相比骄傲，谦卑是我们更好的盟友。所谓谦卑，就是假定敌人比我们更为强大；相反，骄傲则会导致我们轻敌。

吾不敢为主，而为客。

让敌人进入我们的领地，来适应我们的规则，通常是更好的策略。这样一来我们就能在我们熟悉的主场提前做好准备。比起进攻，防御所需要的武力更小，这样我们就可以节约资源并用来进行反击，相比之下，敌人已经将大部分战争资源用于耗费巨大的进攻。

不敢进寸，而退尺。

暂时撤退、重整旗鼓能够让入侵者处于不利之地，从而给我们带来机会。这种策略比起摆出一副好斗的姿态要明智得多，虚张声势并不能唬住任何有力的对手。

是谓行无行。

"行无行"是指行军没有明显的目的，不暴露我们的意图和实力，这样敌人就不知道该如何应对。

攘无臂，扔无敌。

"攘无臂"告诉我们要显得好像对斗争毫无准备一样，通过

一种不具进攻性的表象来误导敌人。在实际的战斗交锋中，这句经文建议我们避免传统意义上的那些明显的军事行动。

伪装的另一层含义是隐藏实力，否则我们所透露的信息就能被敌人用来打击我们。公开我们的实力或意图会让我们处于被动、吸引不必要的关注、让敌人得以提前谋划。要做到低调，需同时具备两种品质：谦卑和纪律性。

执无兵。祸莫大于轻敌，轻敌几丧吾宝。

相比依赖军力和丰富的资源，采用一种高级的战略要好得多。这句话还提醒我们不要过度自信。我们必须准确地评估敌人的实力，才能制定正确的应对方法和最合适的战术。

故抗兵相加，哀者胜矣。

在敌我势均力敌的时候，为最坏的情形做好准备的悲观一方将会战胜轻浮傲慢的一方。

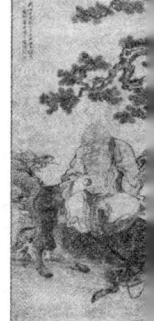

从某一方面来讲，"伪装"原则以及其在斗争中的有关应用都可以运用到交易当中。那些试图影响市场的大资金绝对不会表露其意图。尽管"伪装"概念的某些方面并不适用于一般的散户，但理解这一概念对于普通交易者依然是非常有用的，可以帮助他洞察那些有影响力的市场参与者是如何运作的。当然，也有一些方面可以直接适用于普通交易者。

只有假定对手比我们更强大，我们制定的交易策略才有可能获利。永远不要试图去跟市场比谁更能坚持，也不要试图用你自己的买入或卖出去推动市场。即便很小的散户，有时候他也会觉得他的单子好像可以影响一支盘子较小的股票。这绝对不是什么

好的想法。流动性强的股票是不会被你的买入或卖出影响的，而流动性差的股票往往走势凶险，可能会吸收你的推力然后转过头来打劫你一番。不过，如果你能够正确地出招，你就可以从它们的运行中获利。

吾不敢为主，而为客。

交易老手不会按照市场给出的条件参加战斗，而是坚持他自己的规则。在实践中，这意味着他会在合适的价位和特定环境下开仓，而不是市场提供给他的任意价位。

比如，在市场快速飙升时做多看起来有利可图，然而这种追高做法属于冲动交易，相当于"为主"。随着那些害怕踏空的情绪化交易者的买单将价格不断推高，市场实际上是在邀请这些"入侵者"进入它自己的领地。这种迫不及待的追涨行为通常不会有什么好结果——往往市场很快就突然转向，带来剧烈的价格下跌。如果你去观察那些动能强劲的行情，你肯定会看到这种现象。

与此同时，一个经验丰富的交易者不会在抛物线上涨过程中做多，因为他知道如何正确地做动能交易（momentum trade）。他会控制自己的情绪，压制那种迫不及待、害怕踏空的感觉。因此他会选择"为客"，等待市场回调，当市场剧烈反转、那些狂热的追高者在恐慌中大量抛售的时候，他才开始建仓。他会耐心地观察，找出趋势线和支撑位的位置，预测可能的回调幅度，然后等待确认。他希望看到的入场信号包括：

- 市场放量走出抛物线上涨走势，代表大量多头在追高；
- 市场吸收巨量买盘之后开始反转；
- 价格回调到支撑位，包括趋势线、均线、近期向上突破位以及其他任何交易者用来解读市场走势的指标；
- 价格在支撑位附近止跌并且反转。

在上面这些条件都具备之后，一个"道论交易者"就知道他现在获得了一笔高概率交易的机会——可以在他想要的位置进入市场，按照他自己的规则来运作。

不敢进寸，而退尺。

这句话提醒我们要保持耐心，不要盲目行动。在强劲上涨行情中寻求做多机会的时候，我们要等待回调行情走完、给你提供最佳价位之后才能行动。在强劲下跌行情中做多的时候，我们要等待市场完全反转，这样就能避免"接飞刀"。不要觉得你必须马上进入交易，这只是你的情绪在作怪。市场中充满机遇，你首要的考虑应该是风险。最佳的机会是那些你能够将其风险最小化的机会——让情绪化的大众不顾危险地去追逐那些所谓的大机会吧！

是谓行无行，攘无臂，扔无敌，执无兵。

这句话描述了市场主力的行为方式。我们需要理解他们是如何运作的，这样我们就能够解读他们的意图，站在正确的一边。

下面我们从两种不同的交易级别——极短的日内交易和长线交易——来分析一下。

日内交易者拥有一些实时的工具（股市中的 Level 2 数据就是最好的例子），可以看到其他市场参与者的单子。对于大资金来讲，他知道自己的单子能够被大家看到，因此他在下大单的时候，绝对不会把整个单子展示出来。如果一只股票正常的交易单都是 100 股到 300 股，他突然抛出 100000 股的买单，必

将引起震动，所有人都会试图抢在他前面买入，而卖家也会感觉能够获得更好的价格，因此暂时选择持股不卖。因此，要想搜集到足够的筹码，又不至于让价格涨上天，唯一的办法就是隐藏他的真实意图（"行无行"）。他可能会下一些卖单，同时下一些买单，但这些买单绝对不会透露他计划买入的真实规模。等等！我们是否经常见到小单子之间时不时夹着一些大单子，非常显眼并吸引了大量关注？的确如此。我们想一想，如果大资金这么做只会将价格推向相反的方向，那么他为何还要宣扬出来呢？答案是显而易见的——他就是想让市场朝这个方向运行。如果他正在搜集大量筹码建立多头头寸，那么他很可能会抛出大的卖单，而不是买单。这会吓得那些"小鱼"纷纷卖出股票——正好卖到他手中。另一方面，他真实的买单规模将隐藏在预埋买单的后面，单子手数都很小，但却能将所有卖家愿意让给他的筹码照单全收。如果他的虚假卖单不足以吓唬足够的投资者抛售股份，他甚至可能转为真正的卖家，推动价格下跌以刺激更多卖盘。思考一下这种现象，然后再回忆一下我们之前说的"市场不会朝显而易见的方向运行"的理念。大家可以在实践中去验证这一假设，去看看众多小单中突然冒出来的大单是否果真是假的，观察当单子接近成交的时候会发生什么。虚假单子会力图与真实的市场保持一点点距离，能够在挂单里显示出来，但如果有人决定要吃掉它，它却并不能立即成交。当众多小单子要与它成交的时候，它会被取消，然后在与现价有一定距离的位置再次挂出来。相反，真实的单子会一直停留在那里，将所有与之成交的单子全部吸收。

　　同样，那些计划建立长期头寸的机构交易者也必须小心翼翼地隐藏其意图。我们在分析市场运行周期的时候曾经提到过，为了暂时隐藏其动机，机构交易者不得不放弃在前线作战。如果他试图在一天之内就买入他所需的一切，那么他的买单将会造成价格急剧飙升。因此他当然会尽量缓慢地、悄悄地买入，避免吸引不必要的关注。此时成交量会缓慢上升，因为这个大资金会小心翼翼地让成交量不要超出均值太多。这是吸筹的第一个阶段，价格和成交量上升都非常缓慢，很难被人发觉（当然这是故意为之的）。这个阶段对于大资金来讲是建仓的最好时机。现在我们想一想，当这个大资金成功地搜集了大量筹码之后，不再伪装，开始明牌，此时会发生什么呢？他头脑中的真实目的是什么呢？很显然，他的目的是要鼓励公众买入。他需要靠公众的热情把价格推上去，需要有人来接他在低位搜集的那些筹码。同样，与日内交易中的情况一样，我们看到，故意显露出来的意图大部分情况下都是假的。

祸莫大于轻敌，轻敌几丧吾宝。

根据上面的分析，我们再想想那些大小投行、机构对股票的评级调升和调降。与市场参与者自身一样，这些机构对某些股票给出买入评级或者卖出评级，究竟是为了谁的利益呢？我们很难想象，如果一家投行想要买入一家公司的股票，他们会对后者给出强烈买入推荐的评级，给他们制造竞争、剥夺他们在低位买入股票的机会。同样不可能的是，他们会在自己将持仓套现之前对一只股票做出卖出评级。因此，如果他们做多被套、寻求以最佳价格离场的机会，他们可能会发出买入评级。公开这样的建议时，他们首先考虑的是他们的财务利益。如果低估他们追求自身财务目标的意愿和动机，那么你就会"几丧吾宝"。

故抗兵相加，哀者胜矣。

这里再次提醒我们，风险控制对于交易者而言具有绝对的优先性。一个"道论交易者"会设想最糟糕的情境（"哀"），并为之做好准备。他会将风险控制整合到行动当中（采取合理的头寸规模，知道任何交易都可能失败，将事先设置好的止损整合到策略当中），因此任何不利的进展对于他而言都算不上意外，不会造成超出他的交易系统所允许的幅度的亏损。

Chapter 27

病：接受自身的内在局限

【《道德经》原文】

知不知，尚矣；不知知，病也。圣人不病，以其病病。夫唯病病，是以不病。

【白话文今译】

知道自己有所不知，这是最好的；不知道却假装知道，这是毛病。圣人之所以没有毛病，正是因为他把毛病当成毛病，所以没有毛病。只有以毛病为毛病，才能没有毛病。

【大师解读】

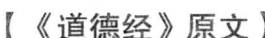

知不知，尚矣；不知知，病也。

"病"在老子那里是指一种常见的病态，经常出现在那些社会标准所定义的"常人"身上。其表现是，一个人拒绝承认他自己能力的局限，而试图超出他自己的局限去行动。造成这种倾向的主要原因之一是傲慢。傲慢会促使我们去谈论一些我们知之甚少的话题，而未能理解问题的复杂性，表现得口若悬河，好像我们知道自己在说什么似的。我们经常看到的"扶手椅专家"（arm-chair expert）现象就是如此。这一现象说的是，很多外行喜欢去批评几乎所有领域专业人士的表现，无论体育、艺术、科学，还是法律。

不受控制的欲望使得我们看不见现实与幻想的界限。健康的头脑应该可以对二者做出明确区分。不过在我们的日常生活中，这种区分却并非易事，因为幻想会以不切实际的信念和肤浅的理解的形式不经意地进入我们的头脑。

圣人不病，以其病病。夫惟病病，是以不病。

要治愈一种疾病，我们首先必须如其本然地认识该疾病。这需要很强的自我克制能力和谦卑的态度。同时，疾病不可能被永久地、一劳永逸地根治，它会伴随我们的整个人生，因此我们必须警惕旧疾复发，警惕弱点重现。我们的优势永远是我们的优势，我们的弱势永远是我们的弱势。

知不知，上；不知知，病。

对于交易者而言，我们也发现一种类似的现象：人们在形形色色的网上论坛和博客中讨论各领域中各种各样错综复杂的问题。无论其自身的职业是什么，他们一开口就好像变了一个人，仿佛成了他们关注的某家上市公司经营领域的专家——无论黄金矿业、航运、石油开采、电子配件制造、银行、汽车设计，还是药品临床。当一个交易者想要搞清楚他所感兴趣的公司正在发生什么，一群彻底的陌生人就会向他提供各种各样的建议，并宣称他们有深入的理解、对他们的观点有绝对的信心。他们中许多人所谓的"理解"只是从一些网络上的文章或粗浅文字得来的，由于缺乏专业训练，他们并不知道通过什么标准来评估这些信息。尽管如此，他们却自以为有资格提出观点，并基于这些理解来给出投资建议。

更糟糕的是，许多此类"研究者"并不了解公司前景与股票表现之间的差别。因此即便他们的发现是正确的，与最终决定交易成败的唯一因素——股票的价格变化——也关系甚微。除了上市公司的产品或技术，还有许多其他因素在影响股票的表现：公司的财务状况、竞争、股份发行、债务水平、融资渠道、营销技巧、领导能力等等。几乎在任何你能够想象到的领域，我们都能看到那些所谓"自学成才"的专家做出严重误判的例子。这方面的例子不胜枚举，比如一家生产可穿戴设备的公司被人称为"下一个微软"，成为科技迷的挚爱甚至被认为可以用来作为"养老储备金"，结果短短几年后这家公司就销声匿迹了；又比如印度尼西亚的黄金勘探造成一家公司横空出世，这家公司宣称发现了一个巨大金矿，而狂热的投资者也迅速变成了地质学和外国政策领域的专家，结果最后这其实是一个大骗局；还有一家燃料电池科技公司号称有望解决石油问题，因而其股价大幅飙升，结果数年后这家公司却放弃了这个想法，其股价从高点跌到只剩一个零头；此外，还有层出不穷的所谓能够治愈致命顽疾的神奇药物，所有你能想到的领域中那些令人叹为观止的发明，以及重塑我们世界的各种技术，都在引诱那些幼稚的投资者落入无底洞一般的"希望陷阱"——这一陷阱的特点是，它之所以存在，就是由于人们过度自信、拒绝了解和接受自己的局限。这些例子都向我们展现了幻想如何席卷我们的头脑，并彻底取代现实。

当然，这一切并不意味着交易者应该完全放弃研究。只不过，

一个"道论交易者"能够理解他自己的内在局限并谦卑地接受它。他不会跌入傲慢的陷阱，不会认为他自己无所不知。他能够接受如下事实：他并不具备关于所有板块和行业的专业知识，无法做出有效的判断。然而这并不代表他没有能力找出市场最有可能的运行方向。那么，他将如何去做研究，研究对于他而言又意味着什么呢？

作为一名老练的交易者，他对市场有深入的理解，知道可以获得的信息与价格走势是如何相互作用的。这一点是交易者武器库中威力最大的武器，也正是一个"道论交易者"的专业领域。他的专业知识就在这个地方。

因此，运用这方面的知识，他就能吸收那些公开的信息，并观察在这一信息背景之下的价格走势。根据他对市场领域中道家哲学原则的理解，他将得出以下结论：

- 在没有任何利好消息的情况下，价格和成交量缓慢上升意味着利好正在路上，现在正是提前布局的好时机；
- 高调宣布的、被价格飙升影响而广为宣扬的利好消息意味着上涨行情接近尾声，正是套现多头头寸和开始寻找做空入场点的时机；
- 人尽皆知的利好消息伴随价格死水一潭甚至开始下跌，意味着利好已经完全反映在价格当中，现在是入场做空的时机；
- 同样，众所周知的利空消息并未导致价格下跌，意味着利空已经完全被定价，现在是入场做多的时机。

大家可以看到，上面这种方法的核心原理就是通过一个代理来对信息进行评估。一个"道论交易者"对信息本身并不是特别感兴趣（他知道他无法对其做出恰当的评估），他感兴趣的是信

息如何反映在市场走势当中。这是他据以做出判断并用作决策依据的东西。举例来说，2008年秋季美国通过"不良资产救助计划"（TARP），然而在计划明显将得到批准的时候市场并没有上涨，在投票通过后市场反而开始暴跌，对于交易老手来讲，这一利好消息恰好是做空的机会；同理，2009年春夏之交，尽管所有人都预测市场将进一步下跌，但市场还是从3月份的低点不断攀升，交易老手便知道这是做多和继续持有多头的机会。

一个"道论交易者"会杜绝他所认识到的那些"病"，总是谦卑地接受自身知识的局限。他专注于他的专业领域、训练技巧，而不是傲慢地夸夸其谈，假装他自己是所有领域的专家。

Chapter 28

见素抱朴：交易方法简单有效

【《道德经》原文】

绝圣弃智，民利百倍；绝仁弃义，民复孝慈；绝巧弃利，盗贼无有。此三者以为文，不足。故令有所属：见素抱朴，少私寡欲。

【白话文今译】

抛弃聪明和智巧，人民可以得到百倍的好处；抛弃仁义道德，人民可以恢复父慈子孝的和谐；抛弃巧诈货利，自然就不会有人去偷盗。圣智、仁义、巧利三者都属于文饰，不足以治理天下，所以要使人民有所归属：保持质朴、减少私欲。

"绝圣弃智"当然是指抛弃那些虚假的知识。在道家哲学看来，此类虚假智慧有两种，一种是对事物和概念毫无实际用途的思考，与我们手头的任务没有关联，而且往往超出我们的理解能力之外——通常被称为"意淫"（mental masturbation），另一种是社会组织强加给我们的错误信息和人为的价值观念。交易者持续地暴露在无数实体和机构出于自身利益做出的宣传之下，错误信息通过各种渠道散布出来。没有任何市场参与者会优先考虑别人的利益。一个"道论交易者"深知这一点，因此他会将他们的建议（比如CNBC电视节目上某位基金经理建议大家"赶快买这只股票"）与价格走势进行对比（如果这只股票上个月就处于抛物线上涨模式，那么千万不要买），从而发现那些他可以利用这些忽悠的地方（"利百倍"），反其道而行之，而非成为其受害者。

见素抱朴，少私寡欲。

一个"道论交易者"会保证他的交易方法简单直接。人都有一种追求复杂的欲望，将交易系统搞得过于复杂，将各种各样的技术指标叠加在一起，其实是人们的"自我"在作怪。这样一来，交易者会感觉自己好像达到了某种高深的境界，仿佛一切尽在掌握。事实上，这种做法适得其反，只会让他的思维更加模糊。清晰来自"抱朴"，即深入地理解市场背后的主要推动力是如何相互作用以及如何反映在价格和成交量中。高明的交易者知道自身知识和能力的局限，因此时刻保持谦卑（"少私"），脚踏实地，只追求那些务实的目标，专注于做正确的交易而不是赚钱（"寡欲"）。

Chapter 29

道之为物：市场的主导性原则

【《道德经》原文】

孔德之容，惟道是从。道之为物，惟恍惟惚。惚兮恍兮，其中有象；恍兮惚兮，其中有物。窈兮冥兮，其中有精；其精甚真，其中有信。自今及古，其名不去，以阅众甫。吾何以知众甫之状哉！以此。

【白话文今译】

大"德"的动作，以"道"为转移。"道"这个东西是恍恍惚惚的。虽然惚惚恍恍，但其中有形象；虽然恍恍惚惚，但其中有实物。深远幽冥，其中有精微的原质；这精微的原质是非常真实的，是可以信验的。从古到今，它的名字并未被湮灭，依据它才能认识万物的本始。我如何知道万物本始的样子呢？就是从"道"认识的。

就像"道"是万事万物的主宰一样，所有市场行情都受一些主要原则主宰。这些原则通过每一根K线以及与之对应的成交量

来表现自身。尽管它们非常简单，呈现在所有人面前，但却是"惟恍惟惚"的。因为，虽然我们可以通过它们的外在表现来做出分析，但这些原则本身并不能被我们直接感知。这些原则告诉我们，为何显而易见的方法并不是应对市场的正确方法，为何少数人可以从多数人的情绪化行为中获利，以及交易者应该如何去发现这样的机会，从而站在市场正确的一边。

在这些外在表现中，一个"道论交易者"能够分辨出"象"（熟悉的走势形态和情境）和"物"（市场参与者以及他们用来达到自身目标的交易工具）。他还知道，潜藏在这些原则之中的正是市场的生命力（"精"）本身——也就是说，市场正是因为这些原则才存在，因为如果一目了然的行为是正确的行为，那么所有人都会这么做，这样的话，价格就根本不可能产生任何变化。比如，如果"正确的"价格是每股30美元，那么将不会有人在每股20美元卖出，也不会有人在每股40美元买入。正因为存在不确定性，正因为不可能获得所有信息，才使得人们所表达的是意见而非真知，从而人们产生各种不同的判断。也正是因为这些差异的存在，交易才可能发生：表现为买入与卖出、走势图上的每一根K线、价格的变化。既然这些只是意见，那么其中就有"自我"、情绪和非理性行为活跃的空间。因此，正是靠这些主导性的原则，市场才有可能存在，而这些原则又通过市场走势来显示自身（"其名不去，以阅众甫"）。不论何种交易工具，郁金香、股票还是原油期货，也不论我们谈论的是哪个时代，打印走势图的时代、电话下单的时代还是程序化交易互相厮杀的时代，市场背后的原则都是一样的，变化的只是技术细节和具体特征。

Chapter 30

同于道：市场回报取决于自己

【《道德经》原文】

　　希言自然。故飘风不终朝，骤雨不终日。孰为此者？天地。天地尚不能久，而况于人乎？故从事于道者，同于道；德者，同于德；失者，同于失。同于道者，道亦乐得之；同于德者，德亦乐得之；同于失者，失亦乐得之。信不足焉，有不信焉。

【白话文今译】

　　不施政令是合乎自然的。所以狂风持续不了一早晨，暴雨下不了一整天。谁让它们这样呢？天地。天地的狂暴都不能持久，何况人呢？所以从事于"道"人就同于"道"，从事于"德"的人就同于"德"，失道失德的人就同于"失"。同于"道"的人，"道"也乐于得到他；同于"德"的人，"德"也乐于得到他；同于"失"的人，也会得到"失"的后果。正因为统治者诚信不足，所以人民才不相信他。

第一句经文应该解读为一个警告：任何市场现象都不会永远持续下去，因此交易者必须牢记这一点，保持头脑的灵活，知道自己应该对变化有心理准备，应该在时机变得过晚之前抽身出来（"天地尚不能久，而况于人乎"）。不少著名的市场格言讲的都是这个道理："在你能够卖出之前卖出，不要等不得不卖出的时候再卖出"，"行情最开始的1/8和最后面的1/8是最昂贵的"（这最后一部分往往发生在市场进入不规则运动的阶段），"在鸭子还会呱呱叫的时候赶紧喂它"，诸如此类。另外还有一句我最喜欢的："趁马戏团还在镇上的时候赶快把花生卖掉，等马戏团离开，就没有人买你的花生了。"

第二句经文运用到市场当中就是：在市场中，所有人都能获得他应得的，而一个人应得之物是由他的行为符合道家哲学原则的程度决定的。如果交易者的行为与内在市场法则和模式相一致，他能够控制自己的风险、抑制自己的情绪，那么"道亦乐得之"。相反，如果交易者把自己的头脑搞得困惑不堪、思维混乱、罔顾现实、被情绪牵着鼻子走，那就是背弃道，那么"失亦乐得之"。

这听起来好像有点冷酷无情（没错，记住"天地不仁，以万物为刍狗"），但与此同时，就像道家哲学其他原则一样，凡事总有其光明的一面。如果道和失都想要"得到我们"，那么能否选择正确的方式、克制和训练自身、遵循基于对市场正确理解的道路，就完全取决于我们自己了。恰当的行为一定能够获得回报，帮我们达到我们想要的目标。

Chapter 31

域中有四大：道法自然

【《道德经》原文】

有物混成，先天地生。寂兮寥兮，独立而不改，周行而不殆，可以为天地母。吾不知其名，强字之曰道，强为之名曰大。大曰逝，逝曰远，远曰反。故道大，天大，地大，人亦大。域中有四大，而人居其一焉。人法地，地法天，天法道，道法自然。

【白话文今译】

有一个东西浑然一体，在天地诞生之前就存在。它无声无息、无形无相，独立长存、永不更改，循环往复、永不停止，可以视为天下万物的根源。我不知道它的名字，勉强叫它"道"，取名"大"。它广大故而前行，前行故而涉远，涉远故而返本。因此，道大，天大，地大，人也大。宇宙间有四大，人是其中之一。人效法地，地效法天，天效法"道"，道纯任自然。

主导市场走势的主要法则都非常简单，然而却极力抗拒我们

对其进行归纳总结。要想用一句话来概括它们几乎是不可能的，除非用"市场就是市场本身"这样的废话。然而读完本书之后，你应该能够获得一种新的思维方式。以道家哲学的信念体系来看待市场和交易，这将是非常令人满足又回报丰厚的事情。从直观来看，市场就好像事物的原始秩序，事实也的确如此。那些主导市场的法则与主导大自然的法则是同一个东西。它们是最基本的，主导一切，任何变动、出新或转化都发生在这些法则的框架之内。有时候，有一种巨大的诱惑驱使我们将某种情况看成前所未有的、不符合任何已知事件链条的。然而事实上，这种感觉不过是出于软弱——交易者不愿承担自身行为后果的逃避心理。从道家哲学的视角来看，任何所谓的"新"现象都符合交易者已知的某种模式。这种逃避行为最典型的例子，就是在真正的或所谓的"市场操纵"面前投降。交易者宣称操纵者扭曲了市场走势，从而放弃从市场中获利的能力。实际上，任何形式的干预或操纵都不是无中生有或一时兴起的。操纵者有其自身的利益和目的，因此他们的行为可以被解读和利用。

最后一句经文简明扼要地指出了"道论交易者"应该以谁为模范。道效法自然。市场作为生活的一部分，也是按照同样的原则塑造的。为了与市场模式保持一致，交易者必须让他自己的行为符合道家哲学的原则。

Chapter 32

重为轻根：做自己能看懂的交易

【《道德经》原文】

　　重为轻根，静为躁君。是以君子终日行不离辎重。虽有荣观，燕处超然。奈何万乘之主，而以身轻天下？轻则失根，躁则失君。

【白话文今译】

　　重是轻的根本，静是躁的主帅。因此君子整天行走，不离开载重的车辆。虽有华丽的生活，却安居泰然。为何身为大国的君主，却以轻率躁动来治天下呢？轻率就失去了根本，躁动就失去了主帅。

　　深入把握市场法则和模式之后，交易者就能够淡定自若、顺势而为。所谓"静"就是能够做到"泰山崩于前而不乱"。他会关注所有市场板块，但只选择那些他能够看懂的和经常交易的价格形态，同时确保风险在其承受范围之内，不会感到内心不安。无论行情发生多么激烈的变化，他都不会被行情牵着鼻子走，而

是继续保持对自身行为的控制,根据自己设定的条件以及自己感觉舒适之处去参与市场。一个"道论交易者"知道,通过快准狠的交易去快速轻松致富的诱惑是极具欺骗性的。这一诱惑就是塞壬的歌声,交易者如果屈服于它,就会失去自我控制,受到超出其掌控力的力量的伤害。交易者如果丧失控制风险的能力,所遭受的损失将远远高于他所能够承受的水平。

Chapter 33

袭明：洞察亏损交易

【《道德经》原文】

善行无辙迹，善言无瑕谪，善数不用筹策，善闭无关楗而不可开，善结无绳约而不可解。是以圣人常善救人，故无弃人；常善救物，故无弃物。是谓"袭明"。故善人者，不善人之师；不善人者，善人之资。不贵其师，不爱其资，虽智大迷，是谓要妙。

【白话文今译】

善于行走的，不留痕迹；善于说话的，没有过失；善于算数的，不用筹码；善于关闭的，不用栓销别人也打不开；善于束缚的，不用绳索别人也解不开。因此圣人善于令人尽其才，所以没有弃人；善于令物尽其用，所以没有弃物。这就叫"承袭其本有的明觉"。因此善人是不善人的老师，不善人是善人的借鉴。（一个人）不尊重他的老师，不爱惜他的借镜，虽然自以为聪明其实却是大糊涂。这里面有着深奥的道理。①

---

① 译者注：作者在引述本章时采用了节选的方式，仅节选了"故善人者"后面一段话。但为了让读者能够更深入地理解本章的思想，我们全文引述了本章《道德经》并进行了白话文翻译，后面个别类似情况我们也将采取同样做法。况且，本章如果不对全文做出引述和今译的话，标题"袭明"将无法理解。

一个"道论交易者"不会将任何身边亏钱的交易者看成无用之人。这些交易者所犯的错误对于他而言恰好是一个提醒,让他可以约束自己、少犯错误("不善人者,善人之资")。同时,通过觉察他们思维和行为中的错误,他可以利用它来洞察大众的行为模式。一旦知道大众如何行动,那么他也就能很好地理解了任何时刻大众是如何看待市场的,从而知道在市场中应该站到哪一边。

在与身边交易者打交道的过程中,他可能会把他对市场的理解告诉别人。不过他绝对不会坚持他的观点,不会试图让别人也像他那样看问题。因为他知道,道家哲学的思维方式并不适合普通大众,听者能否从他的话语中发现真理完全取决于他们自己。如果某人不能或不愿意听他说话,那就是"不贵其师,不爱其资,虽智大迷",这也是无可奈何的事情。

最后一句经文还适用于指导"道论交易者"看待他自己的亏损。他会将亏损都看成教训,虽然严格受控的亏损不会对他的交易账户造成太大损害,但给他发出了一个信号,告诉他他的行为是不正确的。他会仔细地审查每一笔亏损交易,看看导致亏损的原因到底只是概率问题,还是他自己所犯的错误。一旦发现他在某种市场环境下反复亏损,他就能修正自己的做法,杜绝再次出现这样的亏损。这样的话,他就可以算得上"贵其师,爱其资"了。

Chapter 34

守其雌：交易中的阴阳和谐

【《道德经》原文】

　　知其雄，守其雌，为天下谿。为天下谿，常德不离，复归于婴儿。知其白，守其黑，为天下式。为天下式，常德不忒，复归于无极。知其荣，守其辱，为天下谷。为天下谷，常德乃足，复归于朴。朴散则为器，圣人用之，则为官长，故大制不割。

【白话文今译】

　　知其雄健之处，却安于雌柔，作为天下的溪涧。作为天下的溪涧，常"德"就不会离去，回归婴儿的状态。知其明亮之处，却安于暗昧，作为天下的范式。作为天下的范式，常"德"就不会有差错，回归无极的状态。知其荣耀之处，却安于耻辱，作为天下的山谷。作为天下的山谷，常"德"就保持充足，回归到真朴的状态。树木剖散就变成器物，圣人用真朴之道，可以成为百官之长，因此完善的政治是不割裂的。①

到现在，读者对于本章所表述的这些思想应该非常熟悉了。这些文字都非常优美，阅读起来是一种享受，同时我们还可以稍微回顾一下里面的哲学理念。

所谓"知其雄，守其雌"是指人们有一种自然倾向，容易关注那些有形的实质的东西（阳），而忽视那些似乎无形无质然而更为重要的东西（阴）。在交易中，它指的是人们往往关注交易结果的盈亏，却忽视了交易过程本身。交易者需要让自身以及行动中的阴和阳同时得到增强，达到和谐。

这一原则还意味着，我们既需要坚实的逻辑思维作为基础，也要聆听直觉的声音。一个强有力的信念体系可以让交易者分析市场环境并得出最佳的行动方案，另一方面，直觉可以让我们提高效率，瞬时做出决定。

"常德"和"婴儿"指的是忠实于自然法则和自然模式，而非人为的价值观和信念。对于交易者而言，它们意味着专注于主导市场行为的核心法则，而不是各种实体和机构出于其利益做出的宣传和忽悠。

"知其白，守其黑"的含义是交易者应该顺应对立面此消彼长的自然周期，从而让自己"为天下式"。这个"天下"或世界的特征是，对立面永恒消长并合而为一。

---

① 译者注：学者普遍认为"守其黑，为天下式。为天下式，常德不忒，复归于无极。知其荣"这几句非老子原文，为后人掺入。《庄子·天下篇》所引正好是"知其白，守其辱，为天下谷"。"辱"就是"黑"，与"白"相对，如《道德经》第四十一章"大白若辱"。后人不知"辱"有"黑"的意思，以为《道德经》有佚文，所以补充为"知其白，守其黑""知其荣、守其辱"。不过这里我们既然以通行本原文为准，所以依然将"辱"翻译为耻辱，与"荣"相对。

"知其荣，守其辱"意思是交易者应该有意识地不去吸引过多的关注、争论和竞争。他认为，试图博取别人的认可是徒劳的，纯属浪费时间。对于交易者而言，"荣"就是金钱以及金钱所能带来的一切，"辱"就是谦卑以及交易的过程。如果你不能守住后者，那么就不可能拥有前者，或者虽得而复失。

34 守其雌：交易中的阴阳和谐

Chapter 35

道犹江海：分析市场法则的工具

【《道德经》原文】

道常无名、朴。虽小，天下莫能臣。侯王若能守之，万物将自宾。天地相合，以降甘露，民莫之令而自均。始制有名，名亦既有，夫亦将知止，知止可以不殆。譬道之在天下，犹川谷之于江海。

【白话文今译】

"道"永远是无名的、质朴的。虽然微乎其微，但天下没有人能够令它臣服。侯王如果能够守住它，万物将会自然地归附。天地阴阳相合，降下甘露，人们不需要指使它而自然均匀。制度建立之后就有名分，名分既然确立，就知道有个限度，知道限度就可以避免危殆。道存在于天下，就好像江海一样百川归之。

本章再次提醒我们，主要的市场法则决定了一切市场现象。价格和成交量的任何变化都是这些法则的外在表现。任何对事物自然流行的干预都不可能长期改变市场的运行轨迹（"天下莫能

臣"）。在某个时点上，受干预的走势会掉头运行，回归正常轨道，摧毁"侯王"人为干预所带来的所有变化。被人为托住的市场一旦支撑被撤除，将不可避免地走向崩溃，而且崩盘走势的力度可能远远大于不存在市场干预的情况。一个经验老到的交易者看到操纵迹象之后，会去分析操纵者的利益所在，并利用操纵行为所制造的行情为自己谋利。他还会观察市场何时出现向"朴"状态回归的信号，从而决定下一步如何行动。

市场给每个参与者都提供了同样的机会。任何交易者都可以去研究市场法则并将其内化，因此按照这些法则来运行的市场给所有人提供的获利机会是"自均"的。

"知止可以不殆"——如果现在看到这句经文你不能立即想到三点应用，那么我建议你从头阅读本书。

市场的主导法则（"道之在天下"）表现在每一波行情当中，因此我们可以从所有市场走势中推导出这些法则。每一波行情或者走势形态就好像"川谷之于江海"，都是这些法则的一部分和外在表现。我们可以利用对市场法则的理解来分析它们，反过来，它们本身又可以用作分析市场法则的工具。

讨论完本章及其交易应用之后，下面我们插入另一章内容相近的经文。

Chapter 36

大道泛兮：交易法则无处不在

【《道德经》原文】

　　大道泛兮，其可左右。万物恃之以生而不辞，功成而不有。衣养万物而不为主，常无欲，可名于小；万物归焉而不为主，可名为大。以其终不自为大，故能成其大。

【白话文今译】

　　大道广泛流行，无处不到。万物依赖它生长而它不推辞，它取得成功而不居功。养育万物而不把自己当成主人，时常无欲无求，可以称之为"小"；万物归附它而不把自己当成主宰，可以称之为"大"。由于它不自以为伟大，所以才能成就它的伟大。①

---

　　① 译者注：本章"常无欲"三字很多学者认为是第一章"常无欲以观其妙"错简重出，应当删除。的确，本章谈论的是"道"，说"道""常无欲"，文义不通。

Chapter 37

自知者明：交易成功的关键

【《道德经》原文】

知人者智，自知者明。胜人者有力，自胜者强。知足者富。强行者有志。不失其所者久。死而不亡者寿。

【白话文今译】

能够认识别人的有智慧，能够认识自己的人才算高明。能够战胜别人的可算有力，能够战胜自己的人才算强大。知道满足的人就是富有。坚持不懈的人就是有志。不失根基的人才能长久。身死而道不亡的人才算长寿。

了解市场参与者的行为模式是学习交易的必备要素。然而相比之下，了解自己还要重要得多，事实上它是交易成功的关键所在。只有知道自己的优势和劣势，交易者才能培养出自我控制的能力。高明的交易者知道哪些情况可能触发错误的行为，因此会有意识地设计一套行为规范，学会约束自己（"自胜"）。在本书附录部分，我们列出了一些交易者的常规做法，可以帮助交易者识别这些情境并为之做好准备。

Chapter 38

柔弱胜刚强：交易哲学的核心

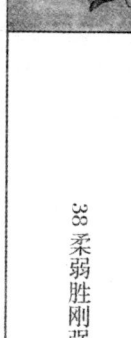

【《道德经》原文】

　　将欲歙之，必固张之；将欲弱之，必固强之；将欲废之，必固兴之；将欲取之，必固与之。是谓微明。柔弱胜刚强。鱼不可脱于渊，国之利器不可以示人。

【白话文今译】

　　天之道，将要收敛，必要先扩张；将要削弱，必要先增强；将要废弃，必要先兴盛；将要夺走，必要先给予。这一征兆似微实显。柔弱胜过刚强。鱼不能离开深水，治国的权术、赏罚、武力不可以轻易展现在人们面前。

　　本章第一部分是警告骄傲的危险，提醒我们生命有其不可抗拒的周期。扩张中包含收缩的种子，强大通向衰弱，兴盛是没落的前奏。

　　在道家哲学的词汇中，"柔弱"一词代表适应能力和灵活性。通过改变形状、弯曲和调整，一种事物因为具有这种灵活性而生

存下来，强力在它面前都甘拜下风，这是道家哲学的一个核心思想。接下来我们必须提出另一章涉及这一理念的《道德经》原文，其中所包含的思想大家想必已经非常熟悉了。

Chapter 39

柔弱处上：灵活性胜于逞强

【《道德经》原文】

　　人之生也柔弱，其死也坚强。草木之生也柔脆，其死也枯槁。故坚强者死之徒，柔弱者生之徒。是以兵强则灭，木强则折。强大处下，柔弱处上。

【白话文今译】

　　人活着的时候身体是柔弱的，死亡的时候身体是僵硬的。草木生长的时候形体是柔脆的，死亡之后就变得干枯了。因此坚强的东西是属于死的，柔弱的东西是属于生存的。因此用兵逞强就会遭到灭亡，树木强大就会遭到砍伐。强大的处于下位，柔弱的处于上位。

Chapter 40

闻道：交易者成长的三个阶段

【《道德经》原文】

上士闻道，勤而行之；中士闻道，若存若亡；下士闻道，大笑之。不笑不足以为道。故建言有之：明道若昧；进道若退；夷道若颣；上德若谷；广德若不足；建德若偷；质真若渝；大白若辱；大方无隅；大器晚成；大音希声；大象无形；道隐无名。夫唯道，善贷且成。

【白话文今译】

一流的人听人讲道，努力地去实践它；二流的人听人讲道，将信将疑；三流的人听人讲道，哈哈大笑。道如果不被人嘲笑，那就不足以为道。所以古时候人们说：光明的道好似暗昧，前进的道好似后退，平坦的道好似崎岖，崇高的德好似山谷，广大的德好似不足，刚健的德好似懈怠，质朴纯真好似混浊，最洁白的好似黑垢，最方正的反而没有棱角，贵重的器物反而最后完成，最宏大的音乐反而好像悄无声息，最广大的形象反而好像不见行迹；最尊贵的是道，反而没有人知道它的名字。唯有道，善于辅助万物。

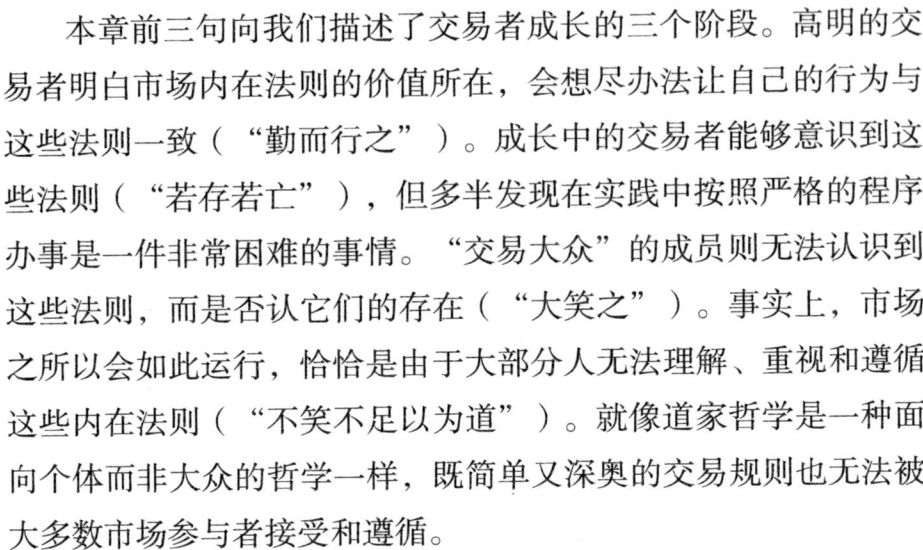

本章前三句向我们描述了交易者成长的三个阶段。高明的交易者明白市场内在法则的价值所在，会想尽办法让自己的行为与这些法则一致（"勤而行之"）。成长中的交易者能够意识到这些法则（"若存若亡"），但多半发现在实践中按照严格的程序办事是一件非常困难的事情。"交易大众"的成员则无法认识到这些法则，而是否认它们的存在（"大笑之"）。事实上，市场之所以会如此运行，恰恰是由于大部分人无法理解、重视和遵循这些内在法则（"不笑不足以为道"）。就像道家哲学是一种面向个体而非大众的哲学一样，既简单又深奥的交易规则也无法被大多数市场参与者接受和遵循。

一个"道论交易者"追求的是明确和简单，因此会忽略很大一部分被普遍认为属于交易中必不可少的知识。他会选择无视那些电视节目、投资通讯以及铺天盖地的博客和文章中所表达的各种观点。在与那些对所谓"有用信息"了如指掌的专家交谈时，他可能会显得反应迟钝（"明道若昧"）。他了解市场不确定的特性，明白我们分析市场的能力存在固有的局限，因此当有人向他询问未来的市场走势时，他看起来总是一副没有把握的样子（"广德若不足"）。许多人在讨论市场行情时往往受情绪驱使，总是将怒气发泄在市场主力身上，宣称就是后者造成了他们的亏损。一个"道论交易者"则不然。他知道这些大资金也是市场结构的一部分，他在预判市场走势时必须将这一因素考虑在内。他不会给事物贴上"善"或"恶"的标签，能够保持冷静客观以保证清晰的思路，因此他对于"操纵者"并不会表现出很强的负面情绪，在别人看来他甚至好像与操纵者同流合污（"质真若渝"）。

Chapter 41

至柔：知识、理解与谦卑

【《道德经》原文】

　　天下之至柔，驰骋天下之至坚。无有入无间，吾是以知无为之有益。不言之教，无为之益，天下希及之。

【白话文今译】

　　天下最柔软的东西，能够驾驭天下最坚固的东西。无形的力量能够穿透没有空隙的东西，由此我知道"无为"的益处。"不言"的教导，"无为"的益处，天下很少有人能够做到。

　　虽然面对那些金融大鳄的野蛮之力，一个"道论交易者"依然能够获得成功。他靠的是知识、深刻的理解和谦卑（"至柔"）。他不会与这些大鳄正面冲突，而是利用自身对他们运作方式的理解，从他们所制造的效应中获利。

　　本章第二部分再次提醒我们不干预（"无为"）的力量和好处。

　　类似的思想也包含在道家哲学经典对"水"的比喻当中，比如下面这章。

Chapter 42

天下莫柔弱于水：知行合一

【《道德经》原文】

天下莫柔弱于水，而攻坚强者莫之能胜，以其无以易之。弱之胜强，柔之胜刚，天下莫不知，莫能行。是以圣人云："受国之垢，是谓社稷主；受国不祥，是为天下王。"正言若反。

【白话文今译】

天下没有比水更柔弱的东西，然而攻克坚强之物没有能够胜过它的，因为没有什么能够代替它。弱能胜强，柔能胜刚，天下没有人不知道这一点，但没有人能够做到。因此圣人说："身受国家的耻辱，才配称一国的君主；身受国家的灾难，才配称天下的君王。"正面的话说出来就好像反话一样。

大家可以参考《上善若水》篇中提到的交易应用。

Chapter 43

清静：最纯粹的市场力量

【《道德经》原文】

　　大成若缺，其用不弊。大盈若冲，其用不穷。大直若屈，大巧若拙，大辩若讷。静胜躁，寒胜热。清静为天下正。

【白话文今译】

　　最完整的东西就好像有缺陷一样，但它的作用不会衰竭。最充盈的东西就好像空虚一样，但它的作用不会穷尽。最笔直的东西就好像弯曲一样，最灵巧的东西就好像笨拙一样，最善辩的人就好像木讷一样。躁动可以战胜寒冷，清静可以战胜燥热。清静无为可以作为天下的模范。

　　本章一系列的对比属于典型的道家哲学思维方式，现在读者对这种思维应该已经非常熟悉了，甚至觉得读起来很舒服。对于缺乏经验的交易者而言，市场力量最纯粹的表现形式（与显而易见的情形刚好相反）似乎是非常不合逻辑的（"大成若缺"）。

同样，一个交易老手做出的交易决定，在交易大众看来也是非理性的。事实上，交易老手可以将这一点作为评估自己想法的一个手段——如果大多数人都同意他的看法，那么他就应该怀疑他的计划。这并不是纯粹出于反向思维或标新立异，而是因为他知道，市场通常不会以有利于大多数人的方式运行，因此当他发现自己与大众站在同一阵营，他就会感觉到危险。他直截了当的思维方式在他身边某些人看来是属于"屈"的，因为社会习惯要求我们采取更细致入微的方法来看问题。他的技巧代表了这种简单性，尽管是非常有效的，但可能显得像"拙"。他的语言表达了简单而深刻的真理，但听起来却淡而无味（"讷"），因为那些听众以为他们比他更加高深。

一个"道论交易者"喜欢去发现那些似乎"已死"的、公众不知道和不欢迎的交易工具最初的生命迹象。这些最初的迹象带来提前布局的最佳机会（"躁胜寒"）。当行情开始过热，他知道"聪明钱"正在出逃，现在绝非开立新仓的时机，只有低水平的普通交易者才会去接最后一棒（"静胜热"）。

如果你不能立即领会本章最后一句"清静为天下正"的意思，那么我建议你将本书从头再读一遍，而且这一次请用心去读。

Chapter 44

知天下：永恒的市场法则

【《道德经》原文】

不出户，知天下；不窥牖，见天道。其出弥远，其知弥少。是以圣人不行而知，不见而名，不为而成。

【白话文今译】

不出门就能知道天下的事情，不望窗外就能了解天地的运行。一个人走得越远，知道得就越少。因此圣人不行也能够知晓，不见也能够明了，不为也能够成功。①

"道论交易者"根据永恒的自然法则来解读市场走势，深知自然法则在塑造行情中的地位是绝对的、不可否认的。从根本上来讲，市场中没有什么新鲜事，不需要什么新的理解来对走势做出解释。所有所谓的"新范式"其实只不过是旧范式的变体。如果一个观察者发现某种走势"前所未有"，那么这仅仅证明这位观察者对于市场法则缺乏了解。老练的交易者能够发现当前正在

---

① 译者注："不见而名"的"名"即"明"。古时"名"与"明"通用。《道德经》第二十一章"不自见，故明"正作"明"。

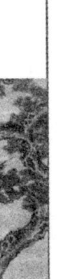

发生的走势与历史走势的相似之处,而新手却总是看到它们的不同之处,并宣称史无前例的事情正在发生。显然,前者能够将自己的观察作为一个指南针来用,而对于后者而言,新的市场情况似乎是他无法掌控的。

试图通过阅读更多文章、博客、采访、评论和投资通讯来找出各种理由和预判,最终的结果只会带来更多困惑。当信息过于庞杂,个人意见和忽悠信息变得越来越难以过滤,我们就必将丧失清晰的思维("其出弥远,其知弥少")。

Chapter 45

无为而无不为：交易的指引

【《道德经》原文】

　　为学日益，为道日损。损之又损，以至于无为。无为而无不为。取天下常以无事，及其有事，不足以取天下。

【白话文今译】

　　求学是知识一天比一天丰富，求道是欲望一天比一天少。不断地减少，最终达到"无为"的境界。虽然"无为"，但什么事都能做成。治理天下要用"无事"的态度，如果过于造作，就不足以治理天下。

　　如果我们去听一些成功的交易者分享他们的学习经验，会发现学习交易本身是一个巨大的悖论。这一悖论在于，一方面我们要学习各种技术面和基本面分析手段和方法，另一方面还要学会做到简单直接。的确，我们不可能指望一个初学交易的人去摈弃几百年来人类积累起来的市场知识，其中包括大量知识渊博的作者所写的高质量书籍以及基于对市场本性的深刻理解的各种分析

方法。不过，这其中也有很多胡说八道的东西。最后，并非所有有意义的方法都适用于某个具体的交易者。因此，在经历"为学日益"的初步阶段之后，我们要上升到"为道日损"的阶段并让自己"损之又损"——放弃那些无法提升自身有效性的知识。很多成功的交易者在描述他们的学习过程的时候都会说，到了最后阶段，他们会抛弃各种各样的指标、划线、通道之类的工具，只留下最简单的直观盘感。一个"道论交易者"会剔除那些不必要的信息，用更少的信息来达到更好的结果，获得更高的效率。当他的行为只是基于对市场之道的深刻理解，当他摒弃各种忽悠和宣传、用更少的行为来获得更好的结果，最后剩下的就只是三个单词。下面我们就用这三个单词来总结本课程，希望大家能够将其作为交易的指引：

简单、直接、有效（Simple，Robust，Effective）。

附录一　交易者常规程序

在《余食赘形》篇中我们谈到了交易者常规程序（trader routines）的角色和用处。下面，我们针对交易者最经常遇到的典型情境和问题，设计了一系列的常规程序。你并不需要全部用到它们，它们都是针对特定问题而设计的，你只需要在遇到相关问题的时候再去执行相应的程序。你可以先把它们从头到尾读一遍，然后看看哪些对你来说是适用的。每个常规程序都包含下列成分：

情境：对错误交易行为的描述。

问题诊断：分析问题行为的触发因素及导致它的错误观念。

哲学基础：简要回顾哲学理念，强化正确行为。

程序：防止在具体情境中做出错误行为的步骤。

真言：易于背诵的简短句子，帮助我们强化正确的心态。

由于每个人的交易级别不同，你可以根据你的情况对常规程序做一些调整，也可以用它们作为模板去设计属于你自己的常规程序，还可以对背诵的真言做一些改变，令其能够发挥最大效用。

一、复仇交易

情境：当一个日内交易者在交易日一开始就出现亏损，他不愿接受亏损（即不愿止损），而是开始想方设法补救，在没有出现有效建仓形态的情况下不断地开立头寸，结果坑越挖越深。于是他越发努力地补救，从而陷入恶性循环。结果，到交易日结束，他出现严重亏损，远远高于最初导致他陷入自我毁灭陷阱的那笔交易的亏损。

问题诊断：找出触发复仇交易的因素——触发有害行为的具体亏损交易笔数或具体亏损金额。

哲学基础：我们的知识是有限的——我们不可能知道所有应该知道的东西。我们无法预测未来，永远都会发生不可预见的行情。这意味着亏损是不可避免的，一定比例的亏损交易或亏损交易日是在我们预期之中的。所有现象都具有周期性的特征，这意味着连续多笔交易获利或连续多个交易日获利之后，我们将迎来亏损交易或亏损交易日。亏损是交易过程中正常的、自然的、不可分割的组成部分。不可能每个交易日都是获利的交易日，因此我们不必一看到亏损就警觉起来，立即试图做出补救。

复仇交易预防程序

1. 离开电脑30分钟，到户外去，做呼吸训练。背诵你的交易哲学中关于亏损在交易过程中的位置和角色的内容。

你的真言：下单的唯一理由是市场出现了符合我交易系统的有效建仓形态。今天开盘到现在处于亏损状态并不是下单的理由。市场并不会在乎我今天是盈利的还是亏损的。市场每天都有大量有利可图的机会，我只需要等待市场走出我熟悉的形态。我并不急于去找到交易机会，当它来的时候我自然就知道了。我并不需要立即将前面的亏损补回来，当正确的交易机会来临的时候，亏损自然就会得到弥补。我要耐心地等待正确的机会出现。

2. 回到电脑跟前。开始观察市场走势，试图用一种全新的视角去看待走势，就好像交易日刚刚开始一样。

3. 接下来3笔交易在纸上模拟。特别留意你下单的理由——确保入场是基于真实的建仓形态，而不是一厢情愿的臆想。模拟交易可以让你回归交易纪律——打破有害行为的恶性循环，重新掌控自己的行为。

4. 如果模拟交易继续亏损，那么维持模拟交易直到交易日结束。如果它们是成功的交易，那么你可以回到实盘交易，但只能用平时一半的头寸规模。

5. 如果你能够建立一种稳定的模式：一回到电脑跟前就立即重回基于建仓形态的交易而非情绪化的交易，那么你就可以跳过纸上模拟交易的阶段，直接回到实盘交易，但头寸规模须减半。

二、移除止损

情境：一笔交易开始的时候都有明确的规划，包括事先设定的止损。然而，当价格接近止损位的时候，交易者会给自己找一个借口移除止损，并说服自己，他需要给这笔交易多留出一点"余地"。随着亏损不断扩大，他一直不愿认亏，直到痛苦变得不可承受。结果，最后这笔交易出现巨额亏损，远远高于他最初计划承受的亏损。

问题诊断：不愿接受亏损，不切实际地希望每笔交易都能够获利，将亏损看成一种自身缺陷。

哲学基础：我们的知识是有限的——我们无法预测未来，因此亏损是不可避免的，一定比例的亏损交易或亏损交易日应该在我们预期之中。所有现象都具有周期性的特征，这意味着获利交易或交易日与亏损交易或交易日将交替出现。亏损是交易过程中正常的、自然的、不可分割的组成部分。止损并不是亏损——它是我们防止亏损扩大的手段。止损也不是愚蠢的表现——不愿止损才是愚蠢的。

移除止损行为预防程序

1. 当价格接近你的止损位，请准备了结头寸。不要去看交易软件中盈亏一栏的数字。
2. 如是思维：你即将接受一个小的亏损，而它将让你的账户免遭一笔大亏损的冲击。
3. 对于止损确保了你的安全这一事实生起感恩的心。
4. 看着走势图，想象一笔交易击穿了你的止损，感受亏损不断扩大、失去控制所带来的恐惧。
5. 在价格到达止损位之后，下一个离场单，并庆幸你结束了一笔亏损交易，让它没有威胁到你的账户。

这一常规程序中的真言你需要在每个交易日开始的时候重读一遍：止损预防了亏损。止损不是亏损。止损防止亏损扩大。我在聆听市场的声音，市场告诉我做什么我就做什么。如果我发现自己在错误的时间处于错误的位置，那么我就应该主动离场。我有责任让我的账户保持健康，而止损就是我保护它的手段。止损离场没有任何问题，并不意味着我是一个失败者，恰恰相反，它让我成为一个成功者，让我避免遭受重创。这是我控制事态的方式。我喜欢这种一切尽在掌握的感觉。没有交易重要到值得我们在其失效的情况依然坚持。下一个机会很快就会来临。我可以很

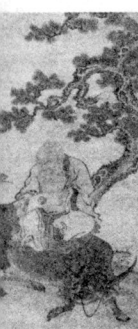

轻易地从一笔失效的交易转向一笔有效的交易。我进入每一笔交易的时候都早有心理准备：它可能让我止损离场。如果一笔交易没有按预期发展，我并不会对此感到意外。我的交易系统中本身就包含了亏损的必然性，同时任何一笔交易都不会失去控制。

三、让利润奔跑

情境：一笔交易朝有利于交易者的方向发展，然而当看到一点利润的时候，无论它多么无足轻重，他都会迫不及待地去止盈，而不是让交易去充分发展。在维持预先设定的止损的情况下，锁定过小的利润将损害交易者的整体表现。

问题诊断：害怕浮盈消失，对自己的交易系统缺乏把握，干涉一笔交易的自然展开。

哲学基础：任何过程都有其自然周期。我们需要避免横加干预。一旦破坏盈亏比，我们就扭曲了交易系统的表现。过早锁定利润的做法违反了不干预原则。

让利润奔跑的常规程序

1. 当交易朝有利于我们的方向发展，我们应该将注意力放在走势图上，避免去看交易软件中盈亏一栏的数字。

2. 思考一下一笔交易实现其全部利润空间或达到部分止盈门槛的信号。

3. 观察价格走势是否出现你的交易系统所定义的衰竭信号，不断地问你自己是否已经看到这样的信号。

4. 如果你感觉迫切地想要退出一笔交易，问问你自己理由是什么。如果除了锁定利润的欲望之外没有其他理由，那么你应该继续观察市场走势，并重复问你自己上面的第3点的问题。继续专注于市场走势，继续与自己就是否已经出现交易衰竭信号这一问题展开对话。

5. 一旦看到走势图出现离场的确认信号，你就可以了结头寸或部分止盈。

你的真言：我不必永远正确。我不必一看到利润就去锁定它。我必须在我的交易系统发出有效卖出信号时卖出。行情一旦启动，往往倾向于继续运动。我希望与行情携手前行。我的交易系统是利润导向的，我会让它产生利润。我不会干涉市场的自然秩序。我只需要随波逐流，不需要做任何额外的努力。

四、不敢下单

情境：一个建仓形态出现了，价格达到触发位，入场信号产生，然而交易者迟迟不敢扣动扳机。就在他犹豫时，交易机会悄悄溜走了。

问题诊断：害怕亏损，对交易系统缺乏把握，过于重视单笔交易，过度分析造成过度忧虑。

哲学基础：市场是不确定的——我们无法预测未来，因此亏损是不可避免的，一定比例的亏损交易或亏损交易日是预料之中的。它们并不值得你害怕，因为它们只是你交易成功之路上的一小部分。利润是由老子提出的"三宝"中的"慈"产生的：将市场视为我们的运作环境而接受它，列出我们交易系统提供的简单明确的选项，根据一个经过验证的完善交易系统和交易纪律采取果断行动。利用明确定义的和经过验证的建仓形态而事先做出准备，可以帮助我们避免每一笔交易都要重新思考一遍的情况。

预防不敢下单的常规程序

1. 当一笔交易价格接近触发位,请把注意力放在走势图上,牢记建仓形态的构成要素。

2. 考虑到交易可能的发展情形——包括达到你的利润目标以及扫掉你的止损。

3. 在头脑中演示一下这两种情形,接受它们都是可能发生的,接受你无法预测一笔交易中哪种情况最终会发生。

4. 当入场信号触发之后,清晰地构想出迅速果断的行动,而不要二次思考。观察信号,随时准备行动。

5. 当价格达到你的开仓条件之后,毫不犹豫地下单入场。

你的真言:交易是一项概率游戏。我没有必要每次都正确。我只需要遵守我的规则。我知道我的交易系统是有效的。每一笔交易都有两种结果,要么获利,要么止损。任何单笔交易都不重要,重要的是一段时期的整体表现。按照我经过验证的系统来交易,概率将站在我的一边。我必须让机会落实为具体的交易。我不需要每一次、每一笔交易都从头到尾思考一遍——我所需要做的只是对交易系统发出的信号做出反应。所有股票的走势都遵循特定的模式,只不过数字不同而已。我知道如何解读这些模式。我只关注市场在告诉我什么。我听到了,然后就迅速果断地采取行动。

五、过度交易

情境:当市场机会较少的时候,等待正确的交易出现通常要比一般情况下花更长时间。然而有的交易者会失去耐心,在没有恰当建仓形态的情况下冲动交易。

问题诊断:缺乏耐心,错误的职业道德观让交易者感到他

如果不努力工作就不配获得回报，极力追求稳定的"收入"（income）。①

哲学基础：市场是持续变化的——每一个小时、每一天市场中的机会数量都是不相等的。有机会多的阶段，就有机会少的阶段。我们必须保持灵活变通。我们不应该抱不切实际的期望——通过交易获得稳定的收入只是幻想。在交易中，钱不是靠努力赚来的，而是靠在恰当的时机运用你的技能。

过度交易预防程序

1. 在行情清淡、缺乏机会的时候，请将注意力放在发现符合你的交易系统的建仓形态上。

2. 提醒自己保持冷静、放松，这样当正确的时机出现时你就能随时参与市场。

3. 每次当你开始观察一段走势、寻找可能的入场点时，问问你自己打算运用哪种建仓形态，其全部要素是什么。

4. 每次当你准备开立头寸时，先暂停一下，问问你自己的建仓形态的所有要素是否都已经具备。

5. 记住，在行情清淡的时候，传统的建仓形态往往更容易失败。

你的真言：我下单只有一个理由，那就是市场出现了符合我的交易系统的有效建仓形态。没有外在因素可以促使我进行交易。无聊并不是开仓的理由。市场会出现各种有利可图的交易机会，而不会在意我想要什么。我会等待市场走出一种我所熟悉的形态。我并不急于找到一个交易机会，当它来的时候我自然就会知道。我不必一直都停留在市场中，一直都有头寸。我会耐心等待恰当

---

① 译者注：收入与利润不同，利润是一次性获得的，而收入是一种定期获得的回报，比如我们的工资。就投资的例子而言，假定一只股票是持续派息的，那么我们投资它所获得的买卖差价就是利润，定期获得的股息分红就是收入。

的机会。我的钱在场外观望，等待正确的时机出现，它同样也是派上了用场。

下一个常规程序大家可以练习一下，自己来进行设计。看了下面对问题的描述之后，大家可以根据上面的常规程序模板写出自己的程序式做法，然后将其与我们后面的常规程序进行对比，必要的话可以做出一些修正。这种训练可以帮助你在有需要的时候设计出一套适用于你的常规程序。

六、追涨

情境：价格以垂直的方式急速运动，并伴随成交量激增。理想的入场点早就已经过去，然而有些交易者无法抵制诱惑，在市场接近反转的时候入场。

问题诊断：交易者感到自己正在错失良机，被行情带来的激动情绪控制，基于虚假的希望而非冷血的心态。

哲学基础：弓满则折——行情过头之后就要反转。物极必反。抛物线模式的、歇斯底里的行情意味着大部分人都加入了进来，而大部分人不可能是正确的。在这种情况下追涨属于接受市场的条件，相反，我们应该按照我们自己设定的条件入场，暂时按捺，等待回调。

追涨预防程序

1. 看到价格出现抛物线走势并伴随成交量激增，请离开交易平台，单纯观察价格走势，并提醒你自己要做一个冷血的观察者。

2. 提醒你自己保持冷静、放松，这样在时机成熟时你就能随时参与市场。

3. 提醒你自己，你只愿意按照你自己的条件参与市场。等待回调给你提供入场机会。

4. 分析支撑位在哪里，看价格回调到哪里之后可能再次回升。确定什么样的反弹信号将触发你入场。

5. 随着价格接近你预先设定的支撑位，回到你的交易平台，然后准备下单。

你的真言：我属于少数人。我站在情绪化的大多数人的对立面。我不会加入大众的行列。我会冷静地等待价格达到我的条件。我会在价格回调到支撑位时入场。我不害怕错失利润，机会随时都有。我对于我钢铁般的自律非常满意。我能够避免追高的诱惑。

附录二 冥想技巧

大部分美国人所理解的冥想是以放松的姿势打坐,专注一些愉快的想法,甚至还要念诵一些咒语。简而言之,他们仅仅把冥想看成一种精神愉悦的过程。但这种愉悦并不能规范我们的思想,带来严格训练所具有的好处。真正的道家冥想应该是一种对专注力的练习,并利用一些观想技巧来达到特定目标。它采用一种具有严格纪律性的观想过程来产生实用的结果。纪律是其中的关键。的确,冥想就是一种专注的观想,而它显然是有效的。

尽管精神"气功"有很多种方式,"传统道家哲学研究中心"网站(www.tao.org/mind)告诉我们有3种最重要的方式:①"空"冥想("emptiness" meditation),也就是"禅";②"燃烧"冥想("burning" meditation);③"移动"冥想("traveling" meditation)。①

"空"冥想是指让大脑停止思考,将头脑中的想法彻底清除,而"燃烧"冥想是指将我们生活中的压力全部"烧掉",从而建

---

① 译者注:这段话汉语读者理解起来会有一些困难。"传统道家哲学研究中心"是亚历克斯·阿纳托尔创办的网站,他认为我们一般说的"气功"是属于身体的,而道家的冥想则相当于一种精神"气功"。此外,根据网站介绍,这里所谓的"'移动'冥想"是指集体参与冥想的成员之间的一种精神的交流或者感应,所以"移动"是指思想的移动。对前两种冥想后文有详细讲解。

立一个免疫系统——基本上属于一种精神养生法，与身体的养生法相辅相成。

我们建议大家可以将"空"冥想作为交易日开始前的准备工作。它应该在早上进行，大约开盘前一个小时。这种10分钟到15分钟的冥想对于交易者达到一种冷静平和的心态有神奇功效。"燃烧"冥想适合在收盘之后做，用来释放我们精神上的压力。至于"移动"冥想，它是一种更为神秘的道家实践，我们这里不讲。

"空"冥想

以舒服的姿势坐在椅子上或者地板上，开始"关闭大脑"。经典的做法是短暂凝视一根点亮的蜡烛，让蜡烛的形象成为你头脑中的主要想法。一两分钟后，闭上双眼，继续观想蜡烛，想象你身处平静的海滩，蜡烛停留在你双足的位置，海浪在你面前涨落。记住一定要保持对蜡烛的观想，同时播放浪涛拍岸的声音，有助于我们营造一个综合的环境。

在这个时候，开始放松你的身体。一次专注于一组肌肉，逐步放松整个身体。先从左脚大拇指开始，命令它放松，然后沿着左侧身体向上。右边则从上往下放松，止于右脚大拇指。必须等身体中每一块肌肉（甚至包括脸部和头皮）彻底放松之后，再移到下一块肌肉。为了确保肌肉彻底放松，我们要先让它变得紧张，然后突然放松。一旦身体彻底放松，我们就可以开始清除那些从未离开过我们的思绪干扰。通过"空"冥想完成这个过程是精神卫生法中的关键部分。思维的艺术比听起来要复杂得多。清除不必要的念头有一个诀窍，就是不要强行去把它们按下去，而是当它们出现的时候让它们自行离去。当思绪进入我们的大脑时，不要停留在任何念头上面。对每一个念头说"再见"，然后轻轻地

推开它们，让它们无障碍地进来，无障碍地出去。在冥想过程中，念倏然而起，倏然而灭。你可以观想一个没有底的杯子，想象念头从杯口进入，又从杯底消失。你还可以观想自己的头脑是一张白纸，念头出现后，你轻轻地把它们推走。关键在于，不要强制自己不想，只是专注于一个念头——放空。随着你的大脑安定下来，思绪出现的频率就会下降或者彻底停止。此时蜡烛和沙滩的形象变得更加清晰，你对时间的感知钝化。请记住一定要设定一个闹钟，以免错过开盘时间。

"燃烧"冥想

首先通过上面描述的"空"冥想放松大脑。在达到这种冥想状态之后，想象蜡烛的火焰将一道金光投入你的身体。你可以吸入这道光。这道金光代表一种疗伤的能量，充满我们的身体，将压力排挤出去。你可以把压力想象成暗尘，想象被排挤出去的暗尘与外部的空气接触，然后燃烧成巨大的、暗红色的火焰。

你还可以观想一场金雨降落，渗进你的身体，将暗尘洗刷出去，在你的足部汇成一摊污水，然后燃烧。

持续不断地将金光吸引进来，排挤压力的灰尘，然后燃烧。重复数次这一过程，直到你观想的灰尘被彻底排除，通过这一净化过程让头脑重新充满活力。此时将会感到一身轻松、精力饱满。